Conception graphique : Claude Lieber

ISBN 2-203-11896-2

AVENTURES

Alain Adde

Le passage Nord-Ouest

illustré par Frédéric Pontarolo

ROMANS
casterman
DIX & PLUS

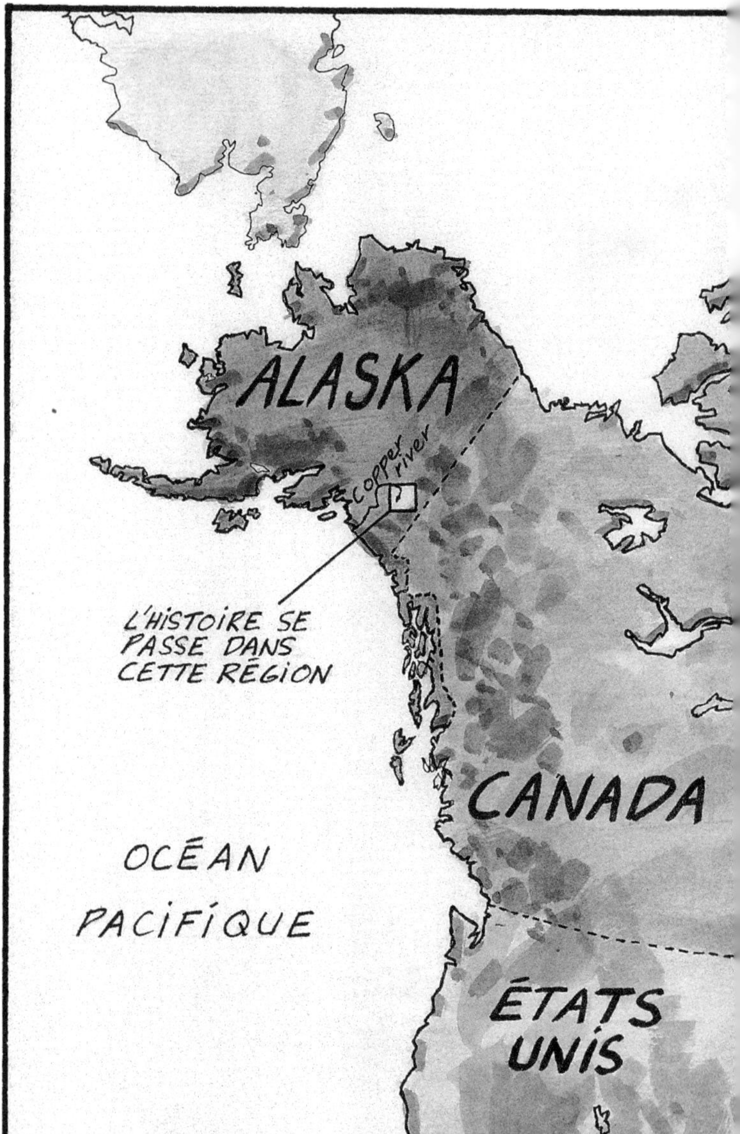
ALASKA
Copper river
L'HISTOIRE SE
PASSE DANS
CETTE RÉGION
CANADA
OCÉAN
PACIFIQUE
ÉTATS
UNIS

OCÉAN
ATLANTIQUE
GRANDS
LACS
St Laurent
0
400
800
Km

CHAINE DES MENTASTA
ROUTE DE TOK
PISTE DE NABESNA
LODGE
Copper River
PASS CREEK
GLACIER DES WRANGELL
- - - Itinéraire présumé du lieutenant d'Escures
●●● Notre première tentative
▶▶▶ Notre deuxième tentative

MARAIS DES TETLIN
COOPER PASS
MONT ALLEN
MINE D'OR
Nabesna River
BLUE LAKE
0 10 20
Km

1

LE TEMPS FRAÎCHISSAIT de jour en jour. Heureusement, le vent était constant depuis Hawaï et les deux frégates avançaient rapidement. Le 23 juin 1786, à l'aube, on aperçut dans la brume une longue chaîne de montagnes couvertes de neige...

Jusqu'à présent, les instructions du roi Louis XVI avaient été suivies à la lettre. L'expédition de l'*Astrolabe* et de la *Boussole*, sous le commandement de monsieur de La Pérouse, avec ses 221 marins, 18 officiers et 16 savants entassés sur les deux bateaux, se déroulait parfaitement: pas un seul malade depuis le départ de Bordeaux un an auparavant.

Tout le monde se connaissait maintenant et s'entendait mieux que l'on ne pouvait l'espérer, malgré la masse des plans, dessins, cartes, des caisses d'échantillons de roches, de plantes et même d'insectes que les savants embarqués pour cette mission scientifique et d'exploration avaient accumulés au cours des escales. On arrivait maintenant au point le plus intéressant du voyage, il s'agissait de découvrir et de remonter le mystérieux passage Nord-Ouest qui, d'après certains, reliait le Pacifique aux Grands Lacs de l'Amérique septentrionale. On regagnerait ensuite la France par le Grand Lac des Esclaves et la baie d'Hudson ou bien en descendant le fleuve Saint-Laurent jusqu'à l'Atlantique sans avoir à refaire le tour par le cap Horn. C'était des mois de navigation en moins, c'était une possession nouvelle pour le Royaume de France et c'était, enfin, un avantage stratégique dans la lutte contre l'Angleterre qui durait depuis des années pour la maîtrise des mers et des terres nouvelles.

Quelques années auparavant, le fameux capitaine Cook avait remonté cette même côte sans trouver l'entrée du «passage». Il faut reconnaître que la côte à cet endroit est extraordinairement découpée avec des fjords très profonds, des îles, des canaux et des rivières. Le passage Nord-Ouest devait être bien caché.

À bord des deux vaisseaux, les commentaires allaient bon train. Deux partis s'opposaient: les uns, prudents, estimaient qu'il fallait faire le relevé des côtes et revenir comme on était venus. Le roi serait de toute façon content de tout ce que l'on avait déjà collecté au cours de l'expédition. Tout le monde serait félicité et deviendrait célèbre. On avait eu beaucoup de chance d'aller aussi loin sans ennui. Il ne fallait pas tout risquer. D'ailleurs, le commandant semblait de cet avis.

Les autres pariaient sur l'existence du passage Nord-Ouest. On n'était pas venus si loin pour ne pas chercher ce passage mythique que seuls quelques coureurs des bois avaient vu, mais jamais emprunté. Le découvrir, puis l'explorer ; la gloire serait partagée par tous et puis on retrouverait plus vite le repos en France. C'était aussi l'opinion de monsieur d'Escures, le second du commandant.

En attendant, on longea la côte en descendant vers le sud. On fit des relevés en utilisant les deux chaloupes et un canot des frégates.

Le 2 juillet fut découverte une baie profonde particulièrement propice à un débarquement. Elle ne figurait pas sur les documents que l'on possédait. Son entrée était étroite. Ses eaux étaient noires, signe de mouillage profond.

Les deux vaisseaux s'avancèrent avec prudence. On fit une première reconnaissance qui confirma la sûreté des lieux. La côte était boisée, des torrents d'eau douce cascadaient vers la mer. Le fond de la baie semblait fermé par deux glaciers. L'exploration commença.

Ce qui suit est relaté dans le journal de bord écrit par La Pérouse lui-même :

« Nous nous regardions enfin comme les plus heureux des navigateurs d'être arrivés à une si grande distance de l'Europe sans avoir eu un seul malade, ni un seul homme des deux équipages atteint du scorbut. Mais le plus grand des malheurs, celui qui était le plus impossible à prévoir, nous attendait à ce terme...
« J'ai déjà dit que les sondes devaient être placées sur le plan de MM. de Monneron et Bernizet par les officiers de la marine ; en conséquence, la biscayenne (chaloupe) de l'*Astrolabe*, aux ordres de M. de Marchainville, fut commandée pour le lendemain, et je fis disposer celle de ma frégate, ainsi que le petit canot dont je donnais le commandement à M. Boutin. M. d'Escures, mon premier lieutenant, chevalier de Saint-Louis, commandait la biscayenne de la *Boussole*, et était le chef de cette petite expédition. Comme son zèle m'avait paru quelquefois un peu ardent, je crus devoir lui donner des instructions par écrit. Les détails dans lesquels j'étais entré sur la prudence que j'exigeais lui parurent si minutieux, qu'il me demanda si je le prenais pour un enfant, ajoutant qu'il avait déjà commandé des bâtiments. Je lui expliquai amicalement le motif de mes ordres : dans une campagne comme

la nôtre les périls se renouvelaient à chaque minute.

« Ces instructions devaient-elles me laisser quelque crainte ? Elles étaient données à un homme de trente-trois ans, qui avait commandé des bâtiments de guerre !

« Nos canots partirent comme je l'avais ordonné, à six heures du matin...

« À dix heures du matin je vis revenir notre petit canot. Un peu surpris, parce que je ne l'attendais pas si tôt, je demandai à M. Boutin, avant qu'il fût monté à bord, s'il y avait quelque chose de nouveau ; je craignis dans ce premier instant quelque attaque des sauvages : l'air de M. Boutin n'était pas propre à me rassurer ; la plus vive douleur était peinte sur son visage. Il m'appris bientôt le naufrage affreux dont il venait d'être le témoin. »

Les deux embarcations, avec vingt et un marins, dont six officiers, avaient été littéralement aspirées par la mer. On n'en retrouva jamais la moindre trace.

2

Je suis dans mon bureau en plein travail. Coup de téléphone ; c'est Louis, un de mes camarades d'école qui a beaucoup bourlingué et que j'ai retrouvé par hasard, il y a un an.

— Henri... c'est important... grande nouvelle... Je viens de faire une découverte aux Archives... Il faut que l'on se voie, me dit-il de sa voix un peu hachée de Lorrain.

Louis fait souvent des découvertes importantes qu'il m'annonce toujours avec la même excitation et jamais au bon moment.

— Alors samedi après-midi, dans notre bistro de la rue des Plantes...

Je me replonge dans la recherche d'une erreur qui a été faite sur la déclaration des impôts de la société où je suis employé comme comptable depuis maintenant dix ans. Comptable, c'est un métier où l'on travaille seul et dans lequel on n'aime pas être dérangé.

Louis est comptable aussi, mais il est intérimaire. Il ne veut pas être employé d'une société car il tient par-dessus tout à sa liberté. Bien qu'originaire de Verdun, il est aussi marin que je suis terrien. Il a renoncé à faire une carrière et à monter en grade pour se consacrer à la voile et à la mer. Il veut pouvoir prendre des vacances et naviguer quand il le désire. À part cela, c'est un véritable érudit et un hyperactif. Toutes ses soirées sont prises. Le lundi il fait du solfège, le mardi est réservé aux répétitions de sa chorale, le mercredi c'est le ciné-club, le jeudi il donne un cours d'alphabétisation pour les émigrés, le vendredi il va à une réunion de conversation en russe, car il parle non seulement le russe mais aussi l'anglais et l'allemand. Il lit aussi le grec et le latin. Enfin, quand il n'est pas en mer, il passe ses samedis aux Archives nationales où il recherche les origines des techniques de comptabilité !

Quant à moi j'ai essayé un peu tous les sports individuels, du judo au tir à l'arc, mais ce que je pratique le plus – enfin pendant les vacances –, c'est la randonnée. J'ai ainsi, au fil des années, traversé la France du nord au sud et descendu la Loire depuis sa source au mont Gerbier-de-Jonc, jusqu'à son embouchure à Saint-Nazaire. La vie au grand air me permet de décompresser et finalement de continuer à bien faire mon métier de comptable.

À part l'école où nous avons été élèves ensemble, nous sommes très différents, mais à cause de cela, on se complète et on a toujours des choses à se raconter.

C'est devant le plat du jour (côte de porc charcutière et chou-fleur au gratin) que Louis m'explique sa nouvelle découverte.

Les Archives nationales regroupent tous les documents qui ont plus de cent ans, et qui se trouvaient dans les ministères et encore avant dans les institutions publiques de l'Ancien Régime. Ils sont classés en « séries » correspondant aux grandes activités de l'État : défense, diplomatie, économie, etc., et tout le monde peut les consulter. Louis recherchait ainsi des livres de commerce anciens et des pièces comptables du XVIIIe siècle pour voir l'évolution des façons de tenir la comptabilité. Je le soupçonne de vouloir écrire un jour un livre sur ce sujet qui le passionne mais n'intéresse guère que lui !

— On trouve de tout dans la série T aux Archives nationales ! m'annonce-t-il d'emblée.

— Qu'est ce que ça contient, cette série T ?

— Je viens de te dire qu'on y trouve de tout ! Ce sont les papiers saisis ou confisqués, ou non délivrés par la Poste pour cause de destinataire inconnu. Tout cela était alors envoyé à la Police à l'époque de Napoléon.

Ils étaient examinés puis partaient au ministère de l'Intérieur qui les a envoyés aux Archives. Tu devrais le savoir !

Tout est toujours évident pour Louis.

— Bien ! et alors ?

— J'ai donc fait sortir quelques liasses et dans le carton 271 j'ai trouvé un manuscrit datant de 1792 qui me paraît authentique.

— Alors ? Qu'est-ce qu'il y a dans ton manuscrit ? Tu as fait une photocopie ?

— Je n'avais pas de pièce de 1 franc pour la machine à photocopier... et puis on fermait !

Réponse typique de Louis. Pour faire durer le suspense et raconter une histoire bien ficelée.

— Mais de quoi s'agit-il ?

— Rassure-toi, j'ai fait garder le dossier. On peut réserver pendant huit jours un dossier que l'on étudie. On l'aura tout de suite.

— Bon ! mais qu'est ce qu'il y a dans ce papier ?

— C'est écrit à la main, l'encre est un peu passée, mais c'est bien conservé. Il est daté du 17 septembre 1792, et il a été écrit à la mission de Monterey, au Canada. J'ai vérifié, il a bien eu un établissement religieux sur la côte ouest du Canada à cette époque.

— Venons au fait !

— Je ne t'en dis pas plus. On va aux Archives !

Louis m'entraîna dans un bâtiment ultramoderne, sorte d'aérogare, situé dans le vieux quartier du Marais. On nous remit des cartes magnétiques pour pénétrer dans la salle de consultation. C'était plein d'ordinateurs. Drôle d'endroit pour lire de vieux grimoires.

Il est toujours émouvant de lire des lettres vieilles de plusieurs siècles. Elles sont écrites à la main avec une plume d'oie et c'est le passé qui surgit bien plus vrai que dans un livre d'histoire.

Le document de Louis était composé de quatre feuilles doubles, ce qui faisait huit pages à l'écriture anguleuse, penchée et régulière de l'époque. Au premier coup d'œil, on voyait l'énergie de celui qui l'avait écrit. Il n'y avait pas une rature, les pleins étaient appuyés et les déliés bien bouclés. On sentait un caractère décidé et rapide.

Ce manuscrit se trouvait au milieu d'un dossier composé de factures et de devis d'entrepreneurs, de lettres commerciales et de bordereaux d'expédition ; ensemble hétéroclite et typique de la série T des Archives nationales.

Il était signé avec des caractères encore plus aigus et les grands paraphes à la mode à cette époque : Charles-Gabriel Morel, chevalier d'Escures, lieutenant de vaisseau, croix de Saint-Louis.

Voici ce texte.

3

« MAINTENANT est venu le moment de relater mon histoire afin qu'elle serve à la restauration de ma mémoire auprès du Roi et des familles des officiers, soldats et matelots que j'ai entraînés dans le trépas.

Après une traversée rapide du Pacifique, nous fûmes, fin juin de l'année 1786, en vue des côtes d'Amérique. Le commandant de l'expédition, monsieur de La Pérouse, avait exposé aux équipages des deux frégates les instructions de Sa Majesté pour cette partie de notre voyage.

Une exploration attentive de la côte était ordonnée afin de découvrir si un passage, soit par mer, soit par un fleuve, permettait le retour des vaisseaux vers l'Atlantique. Dans ce cas, un fort serait établi pour protéger et garder cette passe assurément fort utile au commerce. Nous savions que monsieur James Cook, sur ordre du roi d'Angleterre, avait sans succès remonté plus au nord à la recherche de ce passage. Mais d'après ce que nous avions appris par nos espions à Londres, il avait navigué à plus de dix lieues au large. Nous reconnûmes le mont Saint-Élie, puis naviguâmes au sud le long du rivage. D'immenses embouchures nous donnèrent plusieurs fois l'espoir de remonter vers l'est, mais M. de La Pérouse, cédant toujours à son ami M. de Langle qui commandait l'*Astrolabe*, l'autre frégate, se contentait d'ordonner des reconnaissances sommaires.

Nous nous installâmes finalement dans une île située dans une vaste baie très profonde, par 58° 37' de latitude nord et 139° 50' de longitude ouest. La marée y était violente. Les Indiens Tlingit, qui peuplent cette région, commercent déjà avec quelques marchands russes, mais ne sont pas dignes de confiance. Pourtant, je désirais ardemment reconnaître cette contrée et interroger ces Indiens, qui semblaient nomades, sur les passages et rivières de l'intérieur qu'ils parcouraient sans cesse sur des canots légers.

Je dois maintenant narrer le funeste accident du 13 juillet 1786 qui en un instant a brisé mon honneur, ma vie et ma carrière. Pour mon châtiment, je n'ai pas partagé le sort de mes compagnons et suis condamné à expier sur cette terre ma faute et mon orgueil.

Ce qui va suivre explique sans doute le dessein de la Providence de m'avoir laissé en vie: M. de La Pérouse me donna, comme à l'accoutumé, le commandement des deux biscayennes et du canot pour faire les relevés de la côte. Il me recommanda de ne pas m'approcher trop des brisants et du goulet. Il me remit même des instructions écrites à ce sujet. Il s'agissait pourtant d'une mission que j'avais maintes fois accomplie.

Je réagis vivement à cette marque de défiance imméritée. J'avais commandé un navire de guerre, je n'étais plus un enfant.
Sous le coup de cet affront, j'accomplis mon travail et, par bravade, j'engageai ma biscayenne dans les brisants. La côte n'était pas à vingt toises, il suffisait en cas de difficulté d'échouer adroitement mon embarcation sur le rivage. Mais en un instant elle fut retournée, j'eus juste le temps de voir la seconde biscayenne, venue sans doute à mon secours, couler à son tour sans raison. Je perdis connaissance et c'est un coup violent contre ma cuisse qui me réveilla. J'étais projeté avec une violence incroyable contre un rocher à une brasse du rivage. Mon fusil toujours fixé sur le dos, je me hissai sur le bord pour porter secours à mes compagnons. Même si les embarcations étaient perdues, ils savaient nager pour la plupart.
J'étais précisément coupable de ce dont M. de La Pérouse m'avait mis en garde, mais à mon horreur grandissante, ni sur la rive, ni dans les brisants, ni au-delà n'apparaissait le moindre indice du naufrage.
Des pensées incohérentes traversaient mon esprit. Fallait-il que je sois l'unique survivant de ce malheur dont j'étais le seul responsable ?
Je vis au loin le canot de M. Boutin faisant force d'avirons vers le large. Il n'était pas possible que les

biscayennes aient ainsi disparu sans une épave, elles avaient dû s'éloigner. J'étais le seul à être tombé à la mer. Mais le dernier souvenir était clair : j'avais bien vu l'autre embarcation s'engloutir soudainement dans le fracas des brisants. Fallait-il que je partage le sort de mes compagnons et que je m'engloutisse de moi-même dans les flots ?

De toute façon, j'étais déjà mort. Dans cette extrémité, je résolus de m'enfuir, de disparaître aux regards de tous. La mort saurait bien me retrouver. Je ne pouvais pas supporter les reproches justifiés des deux équipages, ceux des mes amis officiers, savants ou matelots, en attendant la douleur des familles de mes compagnons disparus. Ma vie ne m'importait plus, les frégates feraient quelques recherches, je serai déclaré disparu avec mes hommes, puis l'expédition poursuivrait sa route vers le sud.

Je m'enfuis vers le nord. Je n'ai plus de souvenir des jours qui suivirent ; comment je dormis, ce que je mangeais. Je recommençais à prendre conscience de moi lorsque j'atteignis un bras de mer. Je le traversai sur une de ces pirogues que les indigènes laissent sur la berge à cet effet. J'avais instinctivement besoin de mettre le plus de distance possible entre moi et cet endroit si funeste.

À mesure que je m'éloignais, mon esprit se calma

quelque peu. Considéré comme disparu aux yeux du monde, mon corps était libre bien que ma conscience fût toujours aussi lourde. La poudre et mon briquet conservés dans des sachets étanches étaient secs et j'avais toujours mon fusil. L'été venait tout juste de commencer. Il me vint l'idée absurde mais consolatrice que, si je découvrais seul le passage Nord-Ouest, la gloire qui m'en reviendrait estomperait quelque peu ma faute. Je me remis à vivre avec ce grand dessein.

Je parvins à un autre bras de mer, immense, que j'aurais pu prendre pour la fin de l'Amérique, ou peut-être pour ce fameux passage Nord-Ouest, si je ne m'étais souvenu que le capitaine Cook l'avait exploré, qu'il avait mis de grands espoirs sur cette voie et qu'il lui avait finalement donné le nom de « baie du Désenchantement ».

Un village tlingit assez important était installé ici. En échange d'un élan que j'abattis en deux coups de fusil, les indigènes me firent passer sur l'autre rive après une longue navigation vers l'intérieur. Ils me conseillèrent de continuer vers le nord en passant derrière une haute montagne couverte de glace jusqu'à un fleuve qui remontait très loin dans le pays, nul ne savait jusqu'où. Je repris un peu espoir. Le temps était beau, les jours sont très longs à cette latitude, je marchais jusqu'à l'épuisement. Le 15 août, je revins vers l'Océan

et longeai un nouveau glacier, enfin j'arrivai à ce fleuve qui forme à cet endroit un immense delta.
Je décidai de remonter ce cours d'eau. Il était aussi large que le fleuve Saint-Laurent qui mène des Grands Lacs à l'Atlantique et sur lequel j'avais navigué autrefois.
Je pris une de ces pirogues dont j'ai parlé plus haut et me trouvai bientôt à un resserrement du fleuve. Il était bordé de deux glaciers qui déversaient à tout moment de grands blocs de glace donnant naissance à des vagues monstrueuses, qui montaient à l'assaut de la rive opposée. Passer entre ces éléments en furie était périlleux, mais il n'y avait pas d'autre choix et je voulais fuir l'Océan à tout prix.
Par chance, je passai sans encombre entre ces deux murailles de glace. Au-delà, le fleuve s'élargissait et, le plus souvent, je traînais mon esquif le long des bancs de cailloux, n'utilisant l'aviron que lorsque le courant s'apaisait.
Vers la fin du mois, je parvins au confluent d'une rivière venant de l'ouest qui me sembla navigable. Le temps changeait rapidement, l'hiver est très rude et arrive sans prévenir dans ces contrées septentrionales.
Je résolus de m'arrêter près d'un campement d'Indiens qui manifestaient à mon égard des sentiments pacifiques mêlés de curiosité. Les saumons étaient abondants, des baies de toutes sortes croissaient à profusion.

Je tuai un caribou et en fis don au chef de ce village. Mon fusil était l'objet du plus grand respect car ces Indiens n'avaient encore jamais commercé avec les Blancs. Je savais que, sans la poudre, il n'avait guère de valeur, or je n'en avais plus qu'un seul étui. Je passai l'hiver près de cette tribu. Les jours étaient devenus incroyablement courts. Le vent, la pluie, la neige se déchaînaient sans discontinuer, le fleuve était gelé. Mais j'avais déjà connu au Canada un tel climat.

En mars, je décidai de repartir. L'inaction et la nourriture réduite m'avaient affaibli. Les Indiens connaissaient la rivière qui venait de l'ouest, elle tournait vers le sud-ouest puis aboutissait en impasse sur un vaste champ de glace. En revanche, l'origine du fleuve que j'avais remonté jusqu'ici demeurait inconnue. Je doutais que des navires pussent emprunter cette voie dont la vallée très plate n'offrait pas d'eaux profondes. Il aurait fallu construire des barges tirées par des chevaux mais le climat était trop rigoureux pour ces animaux.

L'hiver est propice aux déplacements dans ces contrées, car elles sont coupées de très nombreux torrents fort dangereux à traverser l'été. Je m'enfonçai plus avant en remontant cette vallée, et plusieurs fois je montai sur le plateau qui borde le fleuve, mais ce n'était qu'une immense étendue déserte et couverte de neige avec dans le lointain d'autres montagnes.

Je voulais croire que cette énorme rivière me conduirait au cœur de l'Amérique d'où je pourrais retrouver les lacs et l'accès à l'océan Atlantique. Par moments, je perdais tout espoir – mais retrouver l'Europe, c'était aussi retrouver mes juges.

Vers mi-avril, je rencontrai des Indiens d'une autre race que les Tlingits. Ils disaient appartenir au peuple Athabascan. Ils me donnèrent du poisson séché et aussi un piège à poisson qui, par la suite, me rendit de grands services. Ces Indiens descendaient la rivière pour échanger des peaux et des fourrures mais, d'après ce que j'en compris, ils craignaient les Tlingits avec lesquels ils étaient en guerre. Des villages se trouvaient plus au nord, je ne manquerai pas de les voir en continuant à suivre cette rivière qu'ils appelaient la Chitina. Je repris espoir car ils me parlèrent aussi de deux grands lacs d'où provient le fleuve.

J'eus alors une fâcheuse surprise. Le fleuve tournait brusquement vers l'ouest, puis vers le sud-ouest, pour emprunter une vallée encore plus large, bordée de montagnes de chaque côté.

Le printemps était arrivé. Avec la fonte des neiges, le fleuve grossissait chaque jour davantage. Ses abords étaient devenus un immense marécage, les torrents qui l'alimentaient étaient difficiles à franchir, j'avançais fort lentement.

J'eus une nouvelle déception. Le premier des lacs sur lesquels j'avais fondé tant d'espérance ne faisait guère que quatre lieues de long. Où étais-je ? Je n'avais pour le moment que l'amère consolation de savoir que j'étais le seul Blanc à être parvenu dans cette contrée aussi éloignée.

Ces mois d'errance avaient néanmoins calmé mon esprit, sinon ma conscience. Des justifications m'étaient apparues. Certes, j'avais commis une imprudence, mais était-ce une raison pour me condamner aussi sévèrement que je le faisais moi-même ? Nous savions tous à quels dangers nous nous exposions en nous embarquant pour cette exploration. Nous avions déjà navigué dans des brisants et des mers plus agitées sans être engloutis aussi soudainement. Il y avait eu un phénomène inexplicable, un péril propre à ces contrées et inconnu ailleurs.

C'est ma lâcheté et ma fuite que je me reprochais maintenant. J'avais fait face à tous les dangers et tous les risques de la guerre et des océans, j'avais survécu au froid et à la faim dans des régions hostiles, pourquoi refuser d'affronter mes semblables ?

Un nouvel été s'annonçait, je résolus de continuer plus avant vers le nord-ouest, vers l'Atlantique. Mon fusil ne m'était plus utile mais je le gardais comme éventuelle monnaie d'échange. Ma barbe impressionnait les Indiens. Je me sentais plus assuré. Je venais de franchir ma trente-quatrième année. Mon destin était décidément bien étrange.

Le deuxième lac n'était guère plus grand que le premier. J'atteignis alors une région de marais infranchissables qui s'étendaient à perte de vue vers le nord. Je m'engageai alors plus vers l'ouest, et me trouvai bientôt dans une gorge étroite.

Ce passage me conduisit à un lac d'une couleur étrange. Je franchis un col puis, dans la première vallée orientée au nord, si tu arrives jusque-là, voyageur intrépide, tu trouveras au-dessus d'un volcan une des pyramides qui jalonnent le Temps et l'Espace. Dans le cratère, tu verras de l'or et ce si fameux orichalque ainsi que d'autres matières inconnues qui reflètent le passé et montrent le futur.

Là, j'ai su que le passage Nord-Ouest n'existait pas et qu'il me fallait accomplir désormais mon destin avec sérénité.

Après ce séjour, je revins sur mes pas et, en quelques semaines, redescendis la rivière que j'avais mis tant de mois et d'efforts à remonter. Un vaisseau me débarqua à la mission de Fort Monterey.

Après ce que j'ai vu, je n'ai plus d'inclination à revenir dans mon pays.

Je vivrai ici le reste de mon temps, comme moine, car c'est ici que je dois mourir sous le nom de frère Jaime Sebastian. C'est ainsi la dernière fois que je signe. »

Charles Gabriel Morel, chevalier d'Escures, lieutenant de vaisseau, croix de Saint-Louis.

À Fort Monterey, ce dix-septième jour de septembre 1792.

4

J'ÉTAIS IMPRESSIONNÉ. Pour une fois la grande découverte de Louis en était vraiment une.

— C'est un scoop... si c'est vrai ! On peut vérifier par le journal de La Pérouse.

— C'est fait. À propos, tu sais qu'aucun marin n'est revenu de l'expédition. Les deux frégates ont coulé quelque temps après... de la même façon que les chaloupes de d'Escures ! Aucune trace ! On les a recherchées dans tout le Pacifique pendant deux siècles ! On en a finalement retrouvé quelques épaves... en 1964 seulement, à Vanikoro entre les Nouvelles-Hébrides et les îles Salomon... à l'autre bout de la planète !

— Mais le journal de La Pérouse... il a bien été retrouvé !

— Encore une histoire fabuleuse et authentique !... Il a été confié à un tout jeune officier que La Pérouse avait débarqué au Kamtchatka, au bout de la Sibérie, des nouvelles de l'expédition pour le roi. Ce jeune a traversé seul toute la Sibérie et toute la Russie par Irkoutsk, Tomsk, Kazan et Nijni-Novgorod. Un an après, il arrivait à Versailles avec le rapport de La Pérouse ! Sacré bonhomme ! Il aurait dû écrire son histoire. C'était le seul survivant de l'expédition !

— Et ce d'Escures ?

— Authentique. La Pérouse raconte son histoire. C'était bien son adjoint.

— C'était où exactement, ce naufrage des embarcations ?

— Eh bien en Alaska !

Je l'ai déjà dit, tout est toujours évident pour Louis.

— L'or, je comprends, mais l'orichalque... Quelle salade !

J'avais de vagues souvenirs sur ce métal mythique prétendument utilisé par la mystérieuse civilisation de l'Atlantide. Là, les connaissances de Louis trouvaient aussi leurs limites.

— Effectivement, c'est étrange... comme les deux derniers paragraphes du manuscrit. Il y a changement de ton. Cette histoire de matériaux nouveaux qui montrent le passé et prédisent l'avenir... Avec cette nouvelle version de la boule de cristal, d'Escures devient obscur ! Quant à l'orichalque c'est un métal que les habitants de l'Atlantide tenaient pour plus précieux que l'or, qui brillait au soleil, et dont les murailles et les palais étaient recouverts. Ça devait être chouette, mais on n'a jamais su ce que c'était réellement. Les experts pensent que ce devait être tout bonnement un alliage de bronze et de zinc, soit ce que tu trouves dans toutes les quincailleries sous le nom de laiton !

— On ne sait d'ailleurs même pas si l'Atlantide a existé ! Qu'est-ce que cela a à voir avec un volcan et une pyramide dans le fin fond de l'Alaska ?

Sans nous en rendre compte, nous avions élevé la voix dans ce temple du silence que sont les Archives nationales.

— Messieurs... s'il vous plaît, voulez-vous faire un peu moins de bruit ! nous dit, avec un fort accent germanique, un homme entre deux âges, qui, malgré son air autoritaire, ne me parut pas antipathique.

Il était lui aussi en train de prendre des notes à partir de lettres étalées autour de lui.

Nous avons aussitôt baissé le ton et mon regard croisa celui de la femme qui était assise à côté de lui. Elle avait aussi une bonne quarantaine d'années, des yeux bleu acier dans un visage plus avenant encadré de cheveux blonds et blancs. Elle eut un demi-sourire.

« Des Allemands comme on n'en fait plus », pensai-je.

Les idées se bousculaient dans ma tête. J'avais dû lire dans ma jeunesse *Les Voyages de La Pérouse*.

L'Atlantide était un continent ou une île mystérieuse à la civilisation très avancée qui avait été engloutie il y a des milliers d'années dans la Méditerranée ou dans l'Atlantique... Quel était le rapport avec l'Alaska ? Le manuscrit du chevalier d'Escures me paraissait vraisemblable au début, mais il se terminait de façon très inattendue.

Le récit de La Pérouse confirme en tout cas la mort d'une partie de son équipage, dont le tiers de ses officiers, sur la côte de l'Alaska. Le journal du navigateur explique avec beaucoup de détails les instructions qu'il a données à son adjoint monsieur d'Escures. Il relate les paroles mêmes de son second : « Il n'était plus un enfant, il avait commandé des bâtiments. » On éprouve encore aujourd'hui en lisant ce texte le ressentiment d'un chef trahi dans sa confiance par l'un de ses proches.

Moins d'un an après ce drame, tous les survivants de l'expédition devaient disparaître à leur tour dans des conditions qui n'ont jamais été élucidées.

L'expédition avait été préparée avec minutie par le roi Louis XVI lui-même. Il avait revu personnellement le matériel et les vivres qui devaient être emportés. Louis XVI ne m'apparut plus seulement comme le bon gros roi, un peu mou, que la postérité nous a légué, mais il semblait aussi avoir fait preuve d'un certain sens pratique et d'une connaissance remarquable de la géographie. L'expédition devait achever le relevé de toutes les terres de la planète. Plus de cinq cents pages d'instructions avaient été rédigées avec l'aide de tous les géographes, botanistes, géologues, spécialistes des civilisations, etc., sur ce qui devait être vu, rapporté, exploré. Le roi, qui avait le souci de ses sujets, avait fait terminer ses instructions par ces mots : « Sa Majesté regarderait comme un succès des plus heureux de l'expédition qu'elle pût être terminée sans qu'il en eût coûté la vie à un seul homme. »

La Pérouse lui-même était un personnage étonnant. Ce marin était né dans une famille bien terrienne d'Albi. Sa bonté et sa modération étaient peu conformes à l'image d'un commandant de navire de guerre pendant les combats entre la France et l'Angleterre pour la possession du Canada. Aussi gros que le roi, il était cependant spécialiste des coups de main audacieux. Il était célèbre jusqu'en Angleterre pour avoir pénétré avec un seul vaisseau de ligne dans la baie d'Hudson et détruit les uns après les autres tous les forts que l'armée anglaise avait construits sur le rivage. Il avait emmené à son bord tous les soldats et officiers ennemis qu'il avait faits prisonniers. Ils devaient être plus nombreux que ses propres marins. À la fin de sa campagne, il les avait débarqués, et leur avait même donné un bateau, à charge pour eux de retourner en Angleterre...
Pour préparer l'expédition de La Pérouse, les Français voulurent savoir quels instruments de navigation avaient été utilisés au cours du voyage du capitaine Cook dans le Pacifique Nord et quelles cartes avaient été relevées par le fameux marin anglais.

La France était toujours en guerre avec l'Angleterre. On envoya alors des espions à Londres qui se firent passer pour des émissaires d'un armateur espagnol. Ils obtinrent aisément une foule de renseignements et purent même acquérir à bon compte les instruments utilisés par le capitaine Cook. Sur le point de rentrer, les espions reçurent la visite de deux envoyés du ministère de l'Intérieur britannique qui leur demandèrent de transmettre à monsieur de La Pérouse les remerciements du roi d'Angleterre pour son attitude envers ses sujets au Canada et ses vœux de réussite pour son expédition !

— Sais-tu, me déclara Louis, que c'étaient les meilleurs des marins et des savants qui ont été choisis pour cette expédition. Plus de cent officiers sollicitèrent leur embarquement avec La Pérouse, y compris... mais tu ne devineras pas qui ?

— ???

— Un jeune officier encore à l'École militaire. Tu ne vois pas ?

— ???

— C'est authentique !

— ???

— Napoléon Bonaparte !

Si La Pérouse l'avait accepté, l'histoire du monde aurait été changée !

Il restait à situer l'itinéraire du chevalier d'Escures. Nous avions repéré facilement la baie du Désenchantement sur de grands atlas, et au musée de la Marine, nous avons vu une vitrine sur l'expédition de La Pérouse où l'on peut constater que le naufrage des deux embarcations eut lieu dans Latuya Bay, sur la côte Pacifique de l'Alaska. C'était bien une histoire vraie.
Il n'existe pas en France de carte détaillée de l'Alaska. On ne vend qu'une carte routière au 1/2 500 000, c'est-à-dire un centimètre sur la carte pour 25 kilomètres sur le terrain. Les cartes des atlas sont encore plus petites. C'était insuffisant pour notre recherche. Il fallut donc attendre l'envoi d'une carte au 1/250 000 du US Geological Survey de Fairbanks en Alaska pour avoir plus de précision.
Mais là, nous avons constaté que cette carte avait été réalisée en 1956 seulement et à partir de photos aériennes. Il était indiqué en marge : « Non vérifié sur le terrain.» Les rivières et les montagnes ne portaient pas de nom... tout simplement parce que personne n'était encore allé dans certaines régions de ce pays !
Cette carte fut notre premier contact avec l'Alaska, pays qui reste aujourd'hui en partie inexploré !

En confrontant manuscrit et cartes, il nous apparut que seule la Copper River, qui est un des grands fleuves du pays, permet d'entrer en profondeur dans les terres. De plus, près de sa source se trouvent deux lacs qui correspondent à la description du chevalier. Ils se nomment aujourd'hui Copper Lake et Tanada Lake.

Une incertitude demeurait : d'Escures parle de la rivière Chitina, qui existe bien de nos jours, mais elle est un affluent de la Copper River ; celui-là même que d'Escures, se fiant aux indications des Indiens, n'avait pas emprunté durant l'hiver 1787.

Nous avons su plus tard que « Chitina » signifie en langage tlingit « Rivière du Cuivre », autrement dit en anglais « Cooper River ». Il semble donc qu'il y eut à l'époque confusion entre le fleuve principal et son affluent.

Nous n'avions pas beaucoup de détails sur la fin du périple de d'Escures. Sa fameuse découverte devait se situer au nord des monts Wrangell, pas loin de l'actuelle frontière avec le territoire du Yukon au Canada. Une route longe la Copper River dans sa partie supérieure sur près de 150 kilomètres. Les distances nous paraissaient énormes, mais il est vrai que l'Alaska est trois fois et demie plus grand que la France. Il n'est pas étonnant que notre chevalier ait mis presque un an pour pénétrer dans ce pays.

Pour l'or, rien de surprenant à la découverte du chevalier d'Escures, puisque au bout de la route de Nabesna, près des lacs Tanada et Copper, il y a une mine d'or. D'ailleurs, partout dans ce pays, on peut tout aussi bien trouver de l'argent, du cuivre et même des métaux rares comme le tungstène et le manganèse. L'orichalque dont parle le chevalier était peut-être l'alliage de ces métaux. Enfin, on verrait sur place. Car il n'était pas question de laisser à d'autres le plaisir d'aller voir ce qu'avait trouvé notre marin.

Pour Louis, pas de problème, son statut d'intérimaire allait lui servir une fois encore. Les emplois précaires ont parfois du bon. Pour moi, j'avais des congés à prendre, mais je devais faire auparavant toutes les déclarations fiscales de mon entreprise. Après je pouvais disposer de cinq semaines pleines pour ce que nous commencions à considérer comme le voyage le plus insolite de notre existence.

— Les habitants de l'Atlantide ou les Martiens ont bien choisi leur point d'arrivée. Ils devaient savoir que cette région allait être protégée et quasiment interdite !

— Pas de route, donc pas de pont sur les centaines de rivières, donc pas d'habitant. La formule est très simple pour empêcher la visite d'une région. Il fallait seulement y penser.

— Comment va-t-on faire ?

— La piste qui mène à la mine d'or de Nabesna ne passe pas loin du lac Tanada. On partira de cette route et ensuite on essaiera de faire comme d'Escures. Il ne devrait pas rester trop de chemin à parcourir. Il faudra randonner et camper.

La région des monts Wrangell est couverte pour un tiers de glace et de glaciers, et les sommets y culminent à plus de 6 000 mètres. La réalité fut encore bien au-delà des rares descriptions que nous en avions lues.
Il n'y a, en effet, aucun livre instructif et sérieux en France sur l'Alaska et encore moins sur cette région. Un article du *National Geographic Magazine* nous apprit que seuls l'hydravion ou l'hélicoptère permettent de pénétrer dans les Wrangell. Ce territoire forme avec le parc du Kluane, qui le borde du côté canadien, un « sanctuaire de l'humanité » que l'on conserve intact pour les générations futures, car il n'y a pratiquement personne dans ce pays où la nature n'a pas changé depuis des milliers d'années.

Nous commencions à découvrir l'Alaska. C'est en fait un pays très diversifié qui a une nature encore plus sauvage que celle de l'Afrique. Il fallait partir en été et il est court. L'hiver commence là-bas début septembre, parfois même avant. Mais en été, dans les Wrangell, la nuit ne dure que deux ou trois heures. Comme le soleil brille longtemps, les glaciers et la neige fondent et les rivières sont souvent énormes et impraticables. Il fallait pourtant les traverser à pied.

— Nous devons nous entraîner à la marche, à l'escalade, à la traversée des glaciers et des rivières, à la montagne, et à porter des sacs à dos de trente-cinq kilos !
— Trente kilos c'est le maximum. On ne doit pas porter plus de 40 % de son propre poids quand on fait du tout-terrain. Entre la tente, les sacs de couchage et les rechanges, cela nous laisse dix kilos pour la nourriture, c'est-à-dire une autonomie de huit à dix jours seulement. Il faut compter un kilo de nourriture par jour et par personne.
— Et l'eau ?
— Pas de problème, on la trouvera en chemin, j'ai une pompe filtrante !
— Et le matériel ?
— J'ai tout ce qu'il faut pour toi et pour moi !

Un bon randonneur a toujours trop de matériel. J'avais largement de quoi équiper Louis des pieds à la tête.

Bien qu'ayant passé l'hiver dans les chiffres et la comptabilité, je m'estimais bien entraîné. J'étais plus inquiet pour mon ami Louis qui n'avait jamais fait de montagne ; toutefois le vélo, son unique moyen de déplacement, le maintenait en bonne forme physique. Nous nous sommes répartis les tâches : billets et tarifs d'avion, cartes, itinéraire, Louis s'en chargeait. Je m'occupais de l'équipement.

— À propos, il y a des ours et des loups dans cette région. Doit-on prendre des armes ?

Après discussion, on y renonça. Cela coûtait cher, il faudrait des autorisations. Un fusil de très gros calibre, ce serait lourd... une arme était plus dangereuse qu'utile... et puis on n'était plus à un risque près !

5

L'ALASKA est un pays surréaliste.
La carte de ce 49e État des USA laisse déjà perplexe. Ce pays est séparé du reste des États-Unis par 3 000 kilomètres de Canada.
L'Alaska est prolongé par deux tentacules : l'un, vers l'ouest, est naturel ; c'est la presqu'île des Aléoutiennes. L'autre est artificiel et résulte du découpage politique entre Alaska et Canada ; c'est l'archipel Alexander.
La capitale de l'Alaska s'appelle Juneau. Elle est située dans cet archipel. Elle est sans doute la seule capitale au monde que l'on ne peut rejoindre que par bateau ou par avion, car elle est coincée entre la mer et la montagne et aucune route ne peut l'atteindre !
La ville principale s'appelle Anchorage, ce qui signifie « Ancrage », nom qui lui a été donné au début du siècle par les chercheurs d'or au cours d'une réunion publique. Anchorage a 250 000 habitants seulement, mais

cela représente la moitié de la population de l'Alaska. Nous sommes donc arrivés à Anchorage avec nos énormes sacs à dos après quatorze heures d'avion et onze heures de décalage horaire.

La première d'une longue série de surprises nous attendait.

— Les Allemands des Archives !

— Qu'est-ce qu'ils font ici ?

Venant d'un autre avion et attendant aussi leurs bagages, ils se tenaient à l'écart de la foule bigarrée américaine.

Une réponse nous vint immédiatement à l'esprit. Nous avions commenté avec trop de passion le texte que nous avions trouvé ; ils nous avaient entendus. Ils avaient sans doute demandé après notre départ le dossier que nous avions rendu et avaient fait la même découverte que nous. Nous étions maintenant deux équipes sur cette chasse au trésor.

La femme signala discrètement à son mari notre présence. En plus, nous étions maintenant repérés ! Après les heures de somnolence dans l'avion, cette douche froide nous réveilla tout à fait. Il fallait maintenant aller vite !

Ensuite, un sentiment de colère et de frustration nous envahit. Ils nous avaient volé notre découverte. Ils avaient peut-être les moyens d'avoir des guides, d'explorer en hélicoptère, alors que nous ne pouvions que louer une voiture et, pour l'essentiel, marcher. Leurs bagages consistaient en de grosses valises rigides comme les voyageurs habitués à l'avion en ont de nos jours. Toutefois, nous ne vîmes pas d'indication extérieure d'équipement de sport ou de montagne. Peut-être s'agissait-il d'une coïncidence ?

— Coïncidence dans une ville de 250 000 habitants à 10 000 kilomètres de Paris ? La probabilité est faible !

Louis avait raison.

— Je pensais que ce serait des vacances, peut-être une expédition un peu aventureuse, mais pas une course de vitesse !

Était-il possible de s'allier avec ces gens ?

Nous avions un peu un complexe en face de l'autorité naturelle qui émanait du couple. Notre belle histoire, notre récréation, tournait court et faisait place, d'un seul coup, à une lutte où il fallait avoir les sens en éveil, être sur ses gardes. Les vacances, à peine commencées, étaient déjà terminées.

— Les hostilités commencent...

Nous passâmes toutefois deux jours à Anchorage pour récupérer du décalage horaire, acheter des cartes plus précises et compléter notre équipement, ainsi que nous l'avions prévu.

La devise de l'Alaska, que l'on voit sur toutes les plaques des voitures, c'est « la dernière frontière. » On dit aussi que c'est « l'Amérique telle qu'elle a été. »
On est ici au nord de l'Amérique, mais surtout à l'ouest et même au « Far West ». Les hommes sont grands et forts, beaucoup sont barbus et ceux qui n'ont pas de barbe ont des allures de John Wayne. Les femmes ont l'air décidé et volontaire. C'est encore un pays de pionniers. Tout le monde est habillé n'importe comment, mais toujours de façon pratique, chaude et confortable.
On trouve à Anchorage une des plus grandes bases aériennes de l'US Air Force et les unités d'élite de l'infanterie arctique. La Russie n'est qu'à quelques dizaines de kilomètres de l'Amérique par le détroit de Béring.
Pendant des années, la guerre a failli éclater entre l'Empire soviétique et les États-Unis. À cause de cela, l'armée américaine avait basé de nombreux soldats en Alaska. Beaucoup de militaires sont restés dans ce pays. Cela donne un caractère particulier à la ville d'Anchorage et à tout l'État : beaucoup de rigueur, une grande politesse et surtout une impression de force.
Même à Anchorage, peu de gens connaissent les monts Wrangell. La seule voie d'accès dans la haute

vallée de la Copper est bien cette piste « accessible en été seulement », comme disent les cartes. Elle est située à 500 kilomètres d'Anchorage.

La Copper River prend sa source sur le glacier du mont Wrangell. Celui-ci culmine à presque 5 000 mètres. Il est sans doute le plus haut volcan au monde en activité. Son cratère est entouré de glace malgré la lave qui bouillonne en permanence.

— La glace, les volcans, les ours, les loups, aucune présence humaine sauf nos Allemands, vive les Wrangell !

6

La route qui mène aux monts Wrangell est splendide. L'Alaska y déploie son immensité. Nous avons loué une voiture et, après 300 kilomètres, nous nous sommes arrêtés pour déjeuner dans une auberge qui s'appelle Eureka Lodge. Située au bord de la route, sur un immense plateau balayé par le vent, c'est une grande cabane de rondins et tôles métalliques qui est bordée d'une barrière sur laquelle, dans le temps, on devait attacher les chevaux. Aujourd'hui, elle sert de butoir aux énormes camions qui empruntent l'*Alaskan-Canadian Highway* ou qui vont ravitailler les installations pétrolières de l'Arctique à Prudoe Bay.
L'intérieur d'Eureka Lodge vaut l'extérieur. On entre dans un western d'époque. Un vaste comptoir où sont alignés des camionneurs tatoués, des chasseurs barbus et hirsutes, munis de fusil à lunette et de balles de gros calibre. Quelques soldats en tenue camouflée convoyant

des engins militaires rappellent que nous sommes à la fin du vingtième siècle... Tout ce beau monde ne boit pas de whisky mais plus simplement un café très américain, sans goût bien défini, versé énergiquement et généreusement par des serveuses à la redresse. Quelques tables en formica avec l'ensemble habituel sel-poivre-ketchup-serviettes-papier. J'allais m'extasier, en français par discrétion, sur cette ambiance unique et cette couleur locale quand mon sang ne fit qu'un tour. Ils étaient là. Nos Allemands, en tenue de chasse mais sans arme. L'homme toujours aussi impressionnant d'autorité et la femme dans un anorak qu'elle semblait porter habituellement et avec aisance. Elle paraissait sportive et entraînée. Ils allaient visiblement dans la même direction que nous.

Nous avons mangé en silence notre omelette au piment arrosée de café au lait. Cela devenait insupportable.

— Il faut faire quelque chose... mais quoi ?

— Ils ne viennent pas faire du tourisme à Eureka Lodge. Ils sont équipés et ils ont visiblement les moyens physiques et financiers. On n'est plus dans l'aéroport d'une grande ville mais dans un saloon perdu dans la nature. Ils nous cherchent... ou plutôt, ils cherchent la même chose que nous !

— On devrait leur demander. Après tout, on ne fait rien d'irrégulier. C'est en ne faisant rien qu'on se conduit bizarrement !

— C'est en ne faisant rien qu'ils se conduisent bizarrement !

Finalement, par timidité, par manque de résolution, par prudence ou par les trois à la fois, nous sommes repartis, discrètement, avant eux, vers le nord. Cette nouvelle rencontre avait fait monter la tension. Nous nous considérions comme des propriétaires spoliés et nous nous sommes transformés en rapaces auxquels on aurait enlevé leur proie. À Anchorage, nous pouvions avoir encore un doute. L'insouciance avait repris le dessus, la beauté du paysage nous avait distraits, mais sur cette route, avec les monts Wrangell à l'horizon, nous étions face à la réalité. Nous devions aller impérativement plus vite qu'eux et protéger ce qu'il y avait à découvrir.

Les armes sont en vente libre en Alaska et nous nous rendions dans une zone inconnue. Personne ne nous connaissait et nous ne connaissions personne. Il était facile de nous faire disparaître. Qui se soucierait de nous ? Sur les glaciers il y a des crevasses et des séracs. Dans la toundra et la taïga, il y a les loups, les ours, les élans. Les « faits divers » ne sont pas seulement dans les journaux. Si la découverte en valait la peine, s'il y avait beaucoup d'or, le danger n'en était que plus grand. Une fois encore, pourtant, nous refoulâmes nos craintes, car le pays était encore bien plus beau qu'on n'aurait pu l'imaginer. En partant d'Anchorage, nous

étions entrés dans la vallée de la Matanuska. À Palmer, petit centre de cette seule région agricole d'Alaska, nous avions vu des choux géants d'un mètre de diamètre pesant 50 kilos ! Des pommes de terre d'un kilo chacune ! Il y avait aussi des fleurs à profusion de couleurs éclatantes. Ici, en été, l'ensoleillement est exceptionnellement long, ce qui a fait dire à Louis qui aime les formules ramassées :

— C'est le Far West et Jules Verne réunis !

Puis nous avons vu dans des champs solidement clôturés des animaux ressemblant de loin à des aurochs ou des bisons. C'étaient des bœufs musqués. Sur la route enfin nous avions dû freiner en catastrophe pour éviter des élans qui traversaient sans se soucier de la circulation. Ces animaux ont des allures préhistoriques avec leurs têtes prognathes...

— Je précise : c'est le Far West et *Voyage au centre de la terre* !

Je ne croyais pas si bien dire...

Nous reprîmes la route. Après Eureka Lodge, on voit se profiler le mont Sanford, un des sommets des Wrangell. Il se détache isolé devant la chaîne de montagnes. Sa base mesure 50 kilomètres et il culmine à presque 5 000 mètres. Il y a vingt ans, un Dakota de l'armée de l'air s'est écrasé sur son sommet. Il y avait à bord vingt militaires et une tonne d'or. Les cadavres et l'or sont toujours là-haut. Les vents sont trop violents et le danger trop grand pour qu'on puisse les ramener...

C'est peu après Glennallen, qui est la seule ville de la région mais qui n'a pourtant pas plus de 300 habitants, que l'on a vu pour la première fois la Copper River. Notre rêve prenait forme.

Là était passé le chevalier d'Escures, il y a un peu plus de deux siècles... Il n'avait pas comme nous une Plymouth de location, mais le paysage n'avait pas changé. La Copper River coule ici en de nombreux bras qui se rejoignent et se divisent sans cesse. La vallée est, comme très souvent dans ce pays, une vallée glacière. Elle n'a pas été creusée par une rivière mais a été rabotée et aplanie par un glacier qui a disparu de nos jours. La Copper River utilise ce passage que lui a ménagé la nature. Toute la vallée est couverte de blocs de rochers, de galets et de cailloux. Ici et là, des troncs d'arbres très blancs, aux formes tourmentées, sont échoués. Ce « bois roulé » par les torrents allait nous être d'un grand secours dans l'avenir car il est très sec et brûle donc très bien.

Nous avions tout deux en mémoire le fleuve Saint-Laurent qui, au Canada, relie le lac Ontario à l'océan Atlantique. Les bateaux de haute mer le remontent jusqu'à Montréal et au-delà. La Copper River a une vallée presque aussi large, mais le débit est infiniment plus faible et ses nombreux bras semblent peu profonds. Certes, nous étions en été, mais en hiver tout est gelé de toute façon... Nous étions déçus. Le marin qu'était le chevalier d'Escures ne pouvait pas penser qu'une frégate pouvait remonter cette voie d'eau.

En approchant, on a compris que la Copper n'était pas un gros torrent ou une sorte d'oued perdu dans le Nord. Comme en montagne, la pureté de l'air en Alaska fausse les distances et les dimensions. Au bord du premier bras, nous avons vu que l'eau, de couleur gris acier car chargée de poussière de roche, était beaucoup plus rapide et puissante que les méandres du fleuve ne le laissaient paraître. Le bras principal qui serpentait au milieu de la vallée avait la largeur de la Seine à Paris. Par moments, on entendait au fond de l'eau le bruit sourd des rochers entraînés par le flot et qui roulaient en se heurtant. Par endroits, le fleuve avait créé des falaises en longeant la montagne. Il était infranchissable.

— On n'a pas prévu de faire du rafting.

— Un canot de raft serait trop lourd pour nous et trop léger pour ce monstre !

— Si les affluents sont du même style, on va avoir des problèmes...

— Il va vraiment falloir se mettre à l'échelle de ce pays !

Cette nuit-là, nous avons campé au bord du fleuve. Mon carnet de route, que j'avais commencé à notre arrivée dans le pays, indique que nous nous sommes couchés en plein jour à onze heures du soir et que nous nous sommes réveillés en plein jour à sept heures du matin...

Si pour la plupart, les rivières et les montagnes n'ont toujours pas de nom, toutes les routes en ont un. Il est vrai qu'il n'y en a pas beaucoup ! Nous étions partis sur la *Glenn Highway*, nous avons pris ensuite la *Tok Cut-Off*, nom curieux pour une route mais qui signifie clairement en anglais que c'est un raccourci pour aller à Tok. Cette dernière ville est située sur l'*Alaskan-Canadian Highway* ou *Al-Can*. La *Tok Cut-Off* et l'*Al-Can* ont été construites toutes les deux en 1942 par l'armée pour acheminer troupes et matériels. Il y a eu là une guerre terrible entre les Américains et les Japonais qui avaient débarqué en Alaska. On l'appelle aujourd'hui « la guerre oubliée » parce que plus personne n'en parle.

Mais l'*Al-Can* est toujours là. Elle fait 3 500 kilomètres de long et a été construite en neuf mois seulement par deux régiments de soldats noirs habitués à d'autres climats. Exploit dont les survivants sont encore toujours très fiers.

— C'est la grande tradition des légions romaines :

l'armée construit des routes, moyen de préserver la paix pour l'avenir grâce aux échanges et aux rencontres qu'elles permettent entre les gens !

À Slana, on quitte la *Tok Cut-Off* et la civilisation. La petite route qui s'engage entre la chaîne des Mentasta et les Wrangell est en fait une piste recouverte de graviers. Les rares véhicules que l'on croise sont des « pick-up », sortes de camionnettes montées sur de très grosses roues, et des 4 x 4. Ils soulèvent des nuages de poussière, et quand ils se croisent, les conducteurs se saluent de la main.

Nous ne nous lassions pas de regarder les paysages, les sapins, les fleurs et les hauts sommets enneigés. La pureté de l'air était incroyable.

— Sais-tu quel âge ont les conifères qui bordent la piste ?

— Ils ne sont pas bien hauts, ils ne devraient pas être bien vieux.

— Il ne font pas plus de quatre mètres, mais ont probablement... trois siècles !

— Quoi ?

— Le sol est tellement ingrat ! Il est gelé neuf mois par an si bien que les arbres ne grandissent que d'un ou deux centimètres chaque année.

— Ce n'est pas comme les choux de Palmer ?

— La lumière n'a pas le même effet sur toutes les

espèces végétales ! En revanche, cela fait un bois extraordinairement dur et c'est avec cela que dans ce pays on construit les cabanes en rondins. Elles durent aussi longtemps, et même plus, que si elles étaient construites en pierre.

— Arrête-toi donc au *Post Office*. On va essayer de savoir ce qu'il y a au bout de cette piste et si on peut coucher à la mine d'or.

Nous avons appris que la piste avait été faite au début du siècle pour la mine et qu'il y avait une vingtaine d'habitants répartis le long de ses 67 kilomètres, ainsi qu'un campement d'Indiens. Au total une trentaine de personnes vivaient dans cette vallée. Il n'y avait personne d'autre à 100 kilomètres à la ronde...

La mine avait été en fonctionnement jusque dans les années 1970, mais l'administration qui supervise les Wrangell et la faible rentabilité du minerai avaient conduit son propriétaire à arrêter l'exploitation. Ce dernier vivait toujours dans sa mine et espérait trouver de nouveaux filons, mais l'administration n'accepterait sans doute pas la reprise de cette activité dans la région. Au contraire, elle fermait progressivement tout le territoire des Wrangell. Plus personne n'avait d'ailleurs le droit de s'installer ici. Cela confirmait ce que nous avions lu. La fièvre de l'or n'est pas qu'une histoire du passé.

Il existait trois « lodges » où nous pouvions coucher. Le meilleur était celui de Tom Bernard. Un personnage dans la vallée ! Il était sans doute d'origine française ou canadienne mais venait du Wisconsin. Le postier, lui, était très fier de ses lointaines origines suisses. Les autres habitants de la vallée, qu'il connaissait tous personnellement, venaient de diverses régions des États-Unis et s'étaient fixés ici pour l'isolement et la beauté de la nature. Presque tous possédaient un avion et s'étaient aménagé une piste de fortune près de leur maison. Il y avait aussi quelques familles d'Indiens athabascans regroupées dans de vieux « motor-homes » et quelques baraquements. Ils avaient beaucoup d'enfants, des chevaux et de vieilles voitures. Tous les habitants vivaient près de la route. C'était la haute vallée de la Copper River. C'était le bout du monde. Au-delà, c'était l'inconnu.

7

TOM BERNARD était âgé de soixante-quinze ans, mesurait 1,90 mètre, avait une crinière de cheveux blancs et des épaules de bûcheron. Il nous regarda avec un air goguenard.
Ancien fermier dans le Wisconsin, il avait fait la guerre dans le Pacifique et rempilé dans l'armée. Son unité avait été envoyée en Alaska. Tom, comme beaucoup de militaires, était resté dans ce pays. Il vivait seul et en autonomie totale dans la vallée. Il possédait un hydravion, trois voitures, un « weasel » (tracteur à chenilles) et deux ATR, sortes de motos à trois roues pour faire du tout-terrain. Dans son lodge, on trouvait un générateur pour l'électricité car, évidemment, il n'y a pas de ligne électrique dans ce pays... Il y avait aussi une cuve pour le fuel du générateur, une cuve pour l'essence légère de l'hydravion, une cuve pour l'essence des voitures et engins à

moteur car, évidemment, il n'y a pas de station-service dans la vallée... En été, il accueillait les chasseurs et les pêcheurs qu'il déposait avec son hydravion au bord des lacs de la région. Son lodge était propre et accueillant. Le café était toujours prêt dans la bouilloire. On s'y sentait à l'aise au milieu des peaux d'ours, de loups et des bois de caribou. Il avait aussi un arsenal de munitions et d'armes en tous genres. On était dans une vraie maison d'Alaskan.

Il nous prit en amitié. Nous étions les seuls Français à être venus jusqu'ici, et nos lointaines origines communes nous avaient peut-être rapprochés.
Il connaissait le pays mieux que les rangers. D'ailleurs, ils venaient souvent lui demander conseil. Son lodge fut le camp de base idéal pour notre expédition. Si le confort était sommaire, le logement n'était pas cher.
Tom avait une bibliothèque étonnamment bien fournie. Il y avait là tout ce qui concernait l'histoire, la géographie, la minéralogie, la géologie et la botanique de la région.
Tom ne nous demanda jamais ce que nous venions faire dans le pays. Pour lui c'était simple : nous n'étions ni chasseurs ni pêcheurs, donc nous étions randonneurs, même s'il n'y avait jamais de randonneurs ici. Pour nous, il n'était pas question de dire ce que

nous venions chercher. D'ailleurs nous aurions été bien embarrassés de le lui expliquer !

Les pêcheurs venaient en juillet et les chasseurs dans la deuxième quinzaine d'août. Le reste du temps il n'y avait personne. Tom passait les dix mois suivants isolé de tout. L'hydravion lui permettait de déposer ses visiteurs dans ce qu'il baptisait pompeusement ses « camps de pêche », c'est-à-dire une tente et un poêle. Les pêcheurs traquaient les saumons, *graylings* et *dolly wardens*, les chasseurs recherchaient caribous et mouflons de Dall dans les limites des autorisations et hors des limites du parc national des Wrangell, « sanctuaire de l'humanité » mais surtout des animaux...

En regardant les cartes avec Tom, nous avons appris que les deux lacs que citait d'Escures étaient perpendiculaires l'un par rapport à l'autre, et que, par le passé, ils devaient certainement communiquer. En ce moment, les saumons, venant du Pacifique par la Copper, y remontaient par milliers pour mourir là même où ils étaient nés cinq ans avant. Ils avaient descendu le fleuve à l'âge de un an, étaient restés quatre ans dans le Pacifique où certains étaient allés jusque sur les côtes du Japon, puis ils avaient remonté les mille kilomètres de la Copper River au milieu de dangers innombrables. Ils se reproduisaient dans les lacs Tanada et Copper et mouraient peu après.

Un saumon sur mille seulement arrivait à faire le cycle complet, mais tous les ans, depuis des temps immémoriaux, les saumons remontaient jusqu'aux lacs...

Malgré notre désir de partir tout de suite vers les lacs et de remonter au-delà sur les traces du chevalier d'Escures, il nous parut prudent de nous adapter au terrain. Le lac Tanada était à huit heures de marche du lodge. Il y avait là-bas une cabane de trappeur où l'on pourrait coucher. On testerait le matériel et on déciderait sur place quelle direction prendre. Les « marais infranchissables » vers le nord, dont parlait d'Escures, devaient être l'immense dépression des Tetlin Refuge de la carte. La « gorge étroite » plus à l'ouest paraissait débuter pas très loin du lac Tanada. Le chevalier semblait avoir hésité sur la route à suivre.

— Si l'on suit Pass Creek, on arrive sur la gauche à Canyon Creek. Pass Creek signifie « rivière du col » et Canyon creek, « rivière de la gorge ». Il doit donc y avoir un col et une gorge, comme dit le manuscrit, et la gorge est juste derrière la mine d'or.

— Mais tout cela est en anglais ! Ce sont des noms donnés par les chercheurs d'or, un siècle après d'Escures !

— Les prospecteurs ont baptisé ce qu'il voyaient comme ils le voyaient... et comme d'Escures l'avait vu !

— Pour cette première exploration, on pourrait faire le tour de ce massif de montagnes en passant par le col, en remontant Canyon Creek et en revenant par la mine d'or.

Tom nous avait dit qu'il fallait huit heures pour aller au lac Tanada. Cela nous paraissait beaucoup : d'après la carte, il y avait environ huit kilomètres et même un vague chemin. Je pensais plutôt que le tour du massif nous prendrait deux jours. Tom nous proposa de venir nous chercher à la mine cinq jours après !

C'est lui qui avait raison. On a vite compris que dans la toundra on ne fait guère plus d'un kilomètre à l'heure.

Avant de partir, j'essayai de faire parler Tom :

— Qu'est-ce qu'il y comme minerai dans la région ?

— De l'or, du platine, du manganèse, du cuivre, mais maintenant l'exploitation est interdite.

— Y a-t-il des lacs à voir plus particulièrement pour leur couleur ou leur situation ?

— Tous les lacs sont gris quand il pleut et bleus au soleil. Vous pouvez choisir. Vous en verrez des dizaines. Mais attention à l'eau ! Ne buvez que de l'eau qui vient directement des glaciers car il y a des castors dans le pays.

— Et alors ?

— La fièvre des castors. Un virus transmis par l'eau

des lacs où ils vivent. Si l'on en boit, on est malade avec une fièvre qui monte à 41° et cela peut même être mortel...

— Et les ours ?

— Il y en a beaucoup près des lacs. Ils sont imprévisibles mais rarement dangereux. Ils n'attaquent que si on est trop près d'eux. Les loups en cette saison sont bien nourris. Vous les entendrez peut-être mais vous ne les verrez pas. Attention aux « wolverines ». Ils attaquent et s'attaquent à tout.

Même de nom, nous ne connaissions pas cet animal.

— C'est entre le loup et l'ours.

— Je vois, dit Louis, c'est comme cela qu'au XVIIIe siècle on décrivait la fameuse bête du Gévaudan. Il a fallu un régiment de soldats pour la chasser, et ici il y en a plein !

Ce soir-là, nous avons fait le point dans notre cabane de trappeur au bord du lac Tanada. Le coucher de soleil était somptueux et faisait penser à l'Afrique plus qu'à l'Alaska. Mais le bilan n'était pas brillant :

— C'est un vrai sujet de comédie. Quelle mouche de l'aventure a bien pu piquer deux honnêtes Français moyens partis, au quart de tour, sur le vu d'un papier poussiéreux, dans le fin fond de l'Alaska ? Et les voilà, sans arme, sans radio et sans même savoir ce qu'ils cherchent, poursuivis par deux Prussiens, une meute de loups, des ours et des « wolverines » !

— C'est du délire !

— Enfin, demain sera un autre jour et randonner en Alaska manquait à ma culture !

— Que dirais-je, moi qui préfère la mer à la terre.

— Ici il y a l'eau des rivières, et ça ne sera pas le plus facile à traverser.

8

La toundra n'est pas cette immensité grise, monotone, parsemée de bouleaux comme l'expliquent les manuels de géographie. Au contraire, à cette saison, c'est un magnifique tapis multicolore de mousses et de lichens, verts, jaunes, orange, rouge vif, qui s'étend à perte de vue.

On ne s'est jamais habitués à la splendeur de ces paysages. Nous foulions cette moquette moelleuse aux couleurs violentes et devant nous s'étageaient des montagnes gris et noir surmontées de glaciers gris argent qui étincelaient au soleil. C'était paradisiaque.

Marcher dans la toundra demande une certaine adaptation. On enfonce à chaque pas dans la mousse épaisse comme si on marchait sur un matelas. Sous la mousse, le sol est gorgé d'eau. De plus, il y a souvent des boules d'herbe et de joncs qui roulent sous les pieds et déséquilibrent le marcheur. Avec un lourd sac

à dos, cela donne une démarche chaloupée. En revanche, si on tombe, ce n'est pas grave, on se croirait presque sur un trampoline.
En fait, le sol est couvert de glace en hiver et la plus grande partie de l'année ; en été, la glace fond mais le sol reste gelé en profondeur, alors l'eau stagne à la surface.
Il y a en moyenne 60 mètres de « permafrost ». Cela veut dire que sur cette profondeur, l'eau qui est dans le sol est gelée en permanence.
Nous avons appris très vite à distinguer à l'avance les zones légèrement déprimées pour éviter de trop se mouiller. On acquiert ainsi en quelques heures une démarche lente, un peu dansante, où l'on doit prévoir son chemin à l'avance. On ne reste jamais éloignés, par sécurité, mais jamais ensemble : chacun à son pas et selon son itinéraire. Mais on ne peut pas aller vite !
— On croirait marcher sur le pont d'un bateau par légère houle...
— C'est la mer à la montagne, tu devrais être content !
Nous avons traversé, par endroits, quelques zones boisées que les géographes appellent la taïga. Elle est l'opposée de la toundra. Les conifères sont très denses, il y a aussi des saules nains, les « willows ». Cela forme un écran très épais ; on est entouré de végétation et on ne peut plus s'orienter qu'à la boussole et au soleil. Les feuilles des willows sont petites mais incroyablement

nombreuses. Elles sont généralement mouillées de rosée ou de pluie qui, dans cette taïga, vous trempe en quelques mètres de progression. Les animaux se cachent souvent dans cette végétation et il faut redoubler d'attention, car un grizzli peut subitement dresser devant vous ses trois mètres de haut...

L'Alaska est ainsi une alternance de sites merveilleux qui incitent à la contemplation, et d'endroits où les sens doivent être en éveil et l'attention tendue à l'extrême.

Dans la cabane du lac Tanada, il n'y avait ni cadenas ni serrure, comme souvent dans ce pays où il y a si peu de monde qu'il n'y a pas de voleurs. L'intérieur était astucieusement aménagé : deux couchettes, un poêle, une bouilloire, du thé, du corned-beef, de vieilles revues, du bois, des allumettes, une lampe-tempête, une scie, des clous, un marteau... On pouvait tenir plusieurs jours si les éléments devenaient hostiles. Cette installation, bien sommaire pour l'Europe, nous parut le summum du confort.

Le lendemain, nous sommes allés au bout du lac pour pousser l'exploration par une langue de terre plate et marécageuse vers l'autre lac. Copper Lake est très long et encaissé. Nous l'avons longé jusqu'à son autre extrémité. La Copper River ne passe pas très loin de là et déverse dans le lac le trop-plein de ses eaux car son lit est légèrement plus haut. Le lac lui sert ainsi de régulateur. La Copper River n'était là qu'à vingt kilomètres de sa source qui n'est autre que le gigantesque glacier du mont Wrangell lui-même, ce volcan encore en activité dont j'ai déjà parlé.

Le fleuve, pourtant tout près de son origine, est aussi large que la Loire à Orléans : il a déjà recueilli les eaux d'un premier affluent qui n'a pas de nom sur la carte. Nous étions en été ; quelles dimensions pouvait bien avoir ce fleuve à la fonte des neiges ?

D'Escures était venu jusqu'ici. Nous comprenions mieux maintenant son état d'esprit et ses difficultés. Il faut randonner en Alaska pour ressentir la fascination de cette nature aux proportions inhumaines. Le chevalier, marin devenu « coureur des bois », suivant l'expression de l'époque, pouvait circuler comme les Indiens dans ces vallées, surtout l'été car il était peu chargé. Au moment de la ruée vers l'or, un siècle après, on ne voyageait qu'en hiver malgré le froid intense, parce que les lourds convois de nourriture et de matériel d'extraction ne pouvaient traverser les lacs et les rivières que lorsqu'ils étaient gelés.

Nous saurions nous aussi nous adapter. Nous avions cinq jours de vivres, l'excitation de la recherche, la pureté de l'air et la douceur de l'été nous dopaient.

Tout était mouillé, mais nous étions bien équipés. Nos chaussures aux coques plastique, comme pour le ski mais adaptées à la marche, nous bloquaient les chevilles et cela minimisait les risques de foulures pourtant importants sur ce terrain.
Demain, nous allions suivre d'Escures dans ces hautes vallées.

Le lendemain, le temps était gris. De grands bancs de brouillard flottaient sur le lac Tanada. Nous sommes partis très tôt. De nombreux torrents dévalaient vers le lac. Il n'était pas possible de se déchausser à chaque fois. Nous avons eu bientôt les pieds mouillés malgré les coques protectrices de nos chaussures. Les sacs à dos contribuaient à nous déséquilibrer et nous avons vite compris l'intérêt de nos bâtons télescopiques ajustables en fonction du terrain.
Tom nous avait rappelé des conseils dont le bon sens semble avoir été oublié dans nos pays civilisés :
— Jamais de coton en Alaska. C'est avec cela que l'on prend une hypothermie ! Ce risque n'existait pas autant avant, car la laine, même mouillée, est un bon protecteur. Le coton, c'est bien pour les pays chauds : la transpiration gonfle ses fibres et vous refroidit en séchant. La laine, au contraire, a des barbes qui gardent l'air et n'absorbent pas l'humidité.

Des choses légères et pas de parkas épaisses... C'est l'air entre elles qui isole et garde la chaleur, pas le poids ! Ici, cela nous paraissait évident.

Dans les Wrangell, il n'y a pas de chemin qui guide ou oriente les pas. On doit marcher dans une direction, vers un arbre, un rocher ou un sommet. Il y a pourtant des pistes faites par les animaux qui suivent un parcours capricieux selon une logique mystérieuse. Ils sont parfois commodes, surtout en terrain marécageux, mais sont souvent... déroutants.

Nous avons atteint le bout du lac et nous nous sommes engagés dans la vallée de Pass Creek. Des deux côtés, les montagnes sont abruptes comme des murailles, noires mais pas très hautes. Il s'agit de cendres volcaniques anciennes où un glacier a creusé son lit, puis a été remplacé par la rivière. Le vent a sculpté des formes fantastiques dans cette cendre : clochetons, tours, arches. Au-dessus brille parfois un rebord de glace qui renvoie le soleil... Au sol, un champ multicolore de fleurs et de mousses.

— On se croirait dans un jeu vidéo...

— Ou dans *Voyage au centre de la Terre*.

— C'est l'enfer et le paradis juxtaposés !

— Comme dans *Voyage au centre de la Terre* : il ne manque même pas l'équipe adverse !

— Tiens, qu'est-ce qu'ils deviennent ceux-là ?

— Ça ferait un drôle d'effet de les voir ici. Tu crois qu'ils nous suivent ?

— Ils nous précèdent peut-être...

La vallée forme une sorte de couloir de deux kilomètres de large dans lequel on se sentait comme prisonniers.

— Ces murs ne font pas plus de 300 mètres de haut, mais sont infranchissables. Il est impossible d'escalader ou de poser des pitons dans ce magma de cendre et de terre.

— Les volcans, l'eau, la glace, tout cela est instable. Ce n'est pas un endroit pour prendre sa retraite.

— Dommage, parce que c'est beau.

Nous avons atteint une rivière venant d'une vallée secondaire sur notre droite. Sa force, à son confluent avec Pass Creek, avait dévié le courant contre le mur opposé de la vallée et formé une falaise. Nous devions traverser les deux rivières avant leur jonction. J'ai déjà dit que les milliers de rivières et de torrents qui sillonnent l'Alaska sont puissants, froids, car ils viennent le plus souvent de la fonte des glaciers et sont chargés de particules qu'ils ont arrachées au bord et au fond de leurs lits et qui les rendent particulièrement dangereux. Les bâtons qui nous aidaient pour la marche nous ont permis d'avoir un « pied » supplémentaire sur lequel s'appuyer pour traverser en crabe face au courant. Il faut aller lentement, assurer chaque pas. Bien vite, on ne sent plus ses pieds et ses jambes, car le froid les insensibilise, mais on n'y pense pas car on a autre chose à faire. Si la profondeur de la rivière atteint la moitié des cuisses, il faut revenir et essayer ailleurs, car la pression de l'eau est alors trop forte et risque de vous faire basculer.

Nous avons eu ainsi beaucoup de rivières à traverser et nous nous sommes résignés à avoir les pieds et les jambes toujours mouillés, mais nous n'avons jamais été malades car, dans ce pays où il fait trop froid, il n'y a pas de microbes.

Nous sommes restés sur la rive droite de Pass Creek. La vallée montait insensiblement. La rivière n'était plus qu'un filet d'eau, elle obliqua brusquement. Sa source était une simple cascade qui dévalait de la montagne.

Peu après, la vallée redescendait doucement vers une nouvelle vallée qui la croisait perpendiculairement et où coulait un fleuve important: la Jacksina.

Ce soir-là, nous avons campé au bord de ce fleuve. Demain, on le longerait pour prendre à gauche la vallée de Canyon Creek.

C'est là que nous devions découvrir le secret du chevalier d'Escures...

Les indications du manuscrit concordaient avec le terrain, mais il nous fallait encore trouver le lac. Aucun ne semblait figurer sur la carte. On verrait bien demain. Canyon Creek se terminait par un cirque de montagnes qui pouvait être un cratère puisque toute la région était volcanique. C'est sans doute là que l'on devait trouver la Pyramide.

La Jacksina était infranchissable. Heureusement, on était du bon côté pour entrer dans la gorge de Canyon Creek. Notre tente en forme de dôme, au double toit argenté, paraissait minuscule dans l'immensité du paysage. Nous avons fait ce soir-là un feu de camp avec le bois roulé très sec qui était sur la rive. Nous devenions de vrais aventuriers, comme dans les westerns.
La nourriture avait fait l'objet de longues discussions. Nous avions éliminé les conserves à l'exception du corned-beef. Nous avions quelques sachets de lyophilisés qui, malgré leurs noms alléchants – bœuf strogonoff, pot-au-feu irlandais, etc. –, se révélèrent assez décevants. Nous avions privilégié les sucres lents, en l'occurrence les pâtes sur lesquelles on râpait du fromage. Nous ne nous sommes jamais lassés des pâtes au fromage.
Le repas de midi était sauté mais, toutes les heures, on buvait beaucoup et on avalait chocolat, cacahuètes, noisettes et barres vitaminées.

Vers dix heures du soir, un petit avion passa dans la vallée. Notre feu a dû attirer l'attention du pilote car il passa une deuxième fois à basse altitude. Il faisait encore jour et nous lui avons fait le signe traditionnel – un seul bras levé – pour lui signaler que tout allait bien, mais il ne nous répondit pas, comme c'est l'usage, par un basculement des ailes. Il n'avait aucun signe d'immatriculation.

— Il est mal élevé, ce type !

— Peut-être un dealer qui passe de la drogue du Canada !

— On n'est pas sur une zone de passage. Il y a les montagnes à franchir, et elles sont hautes !

Puis on l'oublia. Demain, on serait dans Canyon Creek. On approchait de la solution.

On y est arrivés vers midi. Ce n'était pas une vallée glacière comme les autres. Ici, la rivière avait scié une vraie gorge dans la couche de cendre. Il n'y avait presque pas de végétation, et cet ensemble minéral noir et rouge était peu engageant. La rivière coulait entre deux falaises étroites et il n'y avait pas de passage possible pour nous. Nous avons grimpé au-dessus de ce goulet.

Un énorme pilier monolithique sculpté par le vent marquait un coude de la vallée.

— C'est peut-être cela, le témoin du Temps et de l'Espace du manuscrit.

— Ce n'est pas une pyramide, mais c'est impressionnant quand même !

— C'est curieux que d'Escures n'en ait pas parlé... Ça se voit de loin !

La pente s'est faite rapidement très raide. Nous avons été obligés de grimper rocher par rocher. La rivière était devenue une succession de cascades avec, dans les moindres creux, des voiles de glace parfaitement pure qui brillaient sur le fond noir.

Nous étions en sueur. La montée était pénible. Les sacs à dos étaient lourds. À certains passages, nous avons utilisé une corde pour les monter après nous.

Vers quatre heures, nous sommes enfin arrivés au fond de la vallée. Elle s'achevait par une muraille continue de cailloux et de cendre. Par endroits, il poussait quelques lichens. Le torrent s'est mystérieusement perdu dans le sous-sol. Aucune forme spéciale dans ce chaos minéral et désolé. Pas de rocher particulier ou de filon d'or sur les parois. Il régnait un silence de mort. Tout était hostile. Rien ne correspondait à la description du manuscrit.

Ou bien nous nous étions trompés, ou bien le manuscrit racontait une histoire imaginaire.

9

IL N'Y AVAIT RIEN. Il fallait redescendre. Avoir fait un tel chemin pour un tel résultat, c'était caricatural ! On ne pouvait pas y croire. Nous nous étions emballés au vu d'un manuscrit un peu bizarre, découvert par un hasard qui renforçait son étrangeté, mais il ne fallait pas rêver. L'aventure et la découverte, ce n'était plus de notre âge, ni même de notre époque. Jules Verne, c'est fini, même les enfants n'y croient plus.

Nous n'arrivions pas à accepter l'échec. La seule consolation était que les Allemands seraient pris comme nous. Nous avons fouillé une dernière fois la plate-forme finale de la vallée et les parois de cendre, puis nous sommes redescendus. La déception ne nous portait pas à parler.

Nous avons installé la tente à l'entrée de Canyon Creek, pas très loin du monolithe étrange qui marquait l'entrée dans le domaine de l'illusion ou plutôt de la désillusion.
Vers huit heures, alors que la tente était montée, Louis, qui scrutait les flancs de la montagne aux jumelles alors que je préparais le dîner, vit que nous n'étions pas seuls. Devant nous, près de la Jacksina, à deux kilomètres environ, il y avait une toile bleue déployée. Une sorte de tente lourde que l'on installe dans ce pays pour tout l'été.

Notre propre tente était installée derrière un repli de terrain pour la protéger du vent. On ne pouvait pas nous voir. Étaient-ce nos Allemands qui nous suivaient, pris dans la même recherche que nous ? Ils avaient dû faire les mêmes suppositions que nous, mais étaient passés par la mine d'or au lieu du lac, ce qui, à la réflexion, était plus simple et plus commode. Nous avions voulu suivre les pas du chevalier mais maintenant il existait des cartes ; on pouvait arriver ici bien plus vite par la route de la mine.
Ils allaient sans doute venir demain et explorer Canyon Creek. Nous allions nous croiser. Peut-être trouveraient-ils ce que nous n'avions pas réussi à découvrir ?

— Deux solutions : on ne bouge pas d'ici, on attend qu'ils viennent et surtout qu'ils reviennent, ou on part de très bonne heure et on évite de les voir.
— Dans ce dernier cas, on ne saura jamais s'ils ont trouvé quelque chose.
— Oui, mais ils peuvent aussi redescendre sans nous dire ce qu'ils ont trouvé.
Chacun de notre côté, nous avions repensé au manuscrit. Si la topographie correspondait à peu près au texte, nous n'avions pas vu de col, ni de lac, ni de volcan et de pyramide. Nous n'admettions pas notre échec, ni que d'Escures ait pu se tromper ou tromper ses lecteurs. Il n'avait rien d'un farceur. À mesure que nous reprenions les éléments du manuscrit et la carte, notre erreur nous semblait de plus en plus évidente. Pourtant, plus à l'ouest, la Jacksina et plus loin encore la rivière Nabesna nous paraissaient infranchissables. D'Escures en aurait parlé.
Nous avions une journée d'avance sur les Allemands. Il fallait tirer parti de cet avantage, même si nous ne savions pas encore où aller.
Nous avons donc décidé de partir de bonne heure en essayant de les éviter.
Dès six heures le lendemain, nous étions prêts. Le froid était vif mais il faisait déjà jour depuis longtemps. Le soleil n'avait pas encore franchi la chaîne des

Mentasta au nord-est. J'aime les levers et les premières bouffées d'air frais le matin hors de la tente.

— Il n'est pas possible de les éviter...

Nos Allemands sont installés entre la Jacksina et une zone de marécages que nous ne pouvons pas traverser. Nous devons passer à côté d'eux. Ils ont des ATV – ou *All Terrain Vehicle* – à trois roues. Première surprise, il y a trois engins, dont deux équipés de remorques. Il semble y avoir là un matériel considérable.

— Avec nos sacs à dos, on ne fait pas le poids !

Ils ont évidemment raison d'être équipés comme des professionnels. S'il y a quelque chose à ramener, comment ferons-nous avec nos sacs à dos ?

— En tout cas, ce n'est pas avec des ATV qu'ils vont remonter dans Canyon Creek.

Nous approchons. Un Américain barbu, vêtu d'une chemise à carreaux, émerge brusquement de la tente. Il a l'air surpris. Puis deux autres sortent à leur tour, ils sont imberbes. Nous nous sommes trompés, ce sont des chasseurs et non pas nos Allemands. L'accueil est plutôt froid :

— Qu'est-ce que vous faites ici ?

— Où allez vous ?

Un vrai interrogatoire. Ils ont l'air furieux. Nous expliquons que nous faisons de la randonnée. Notre accent français a l'air de les soulager. Sans s'occuper de nous, ils commencent à ranger leur matériel. Je remarque dans une remorque une peau d'élan ou de caribou dépassant d'une bâche. Il y a partout des fusils et des poignards.

Cette hostilité à peine cachée n'est pas dans le style américain. Remis de la tension que nous éprouvions à l'approche de la rencontre avec nos Allemands, nous sentons qu'il y a là quelque chose de pas très clair...

Nous les quittons très vite et longeons la Jacksina en direction de la mine d'or et de la route.

— Je crois avoir trouvé... au moins pour les Américains, m'annonce Louis, au bout d'un moment.
— La chasse n'est pas ouverte ?
— Bien pire. Nous sommes à l'intérieur du territoire protégé des Wrangell. La chasse y est toujours interdite.
— Ce sont des braconniers.
— Et ici, les rangers ne plaisantent pas avec ce genre de tricheurs.
— C'est pour cela qu'ils nous ont cuisinés.
La même idée nous traverse l'esprit. Avec leurs fusils de guerre et leurs ATV, ils peuvent nous rejoindre et nous faire disparaître. Personne ne nous retrouvera. Nous sommes loin de tout.
— Il y a combien d'ici à la route ?
— Une journée de marche, si tout se passe bien.
Ce nouveau problème nous préoccupe. Ils peuvent nous tirer comme des lapins.
— On va marcher à vue mais se séparer.
La vallée de la Jacksina est dégagée. Nous obliquons vers un massif de willows où nous serons plus à couvert.
— L'avion avant-hier, les braconniers aujourd'hui, les Allemands quelque part. Il est peuplé, ce pays inhabité et sauvage.
— Le danger ne vient pas des animaux à quatre pattes, mais de ceux à deux pieds... comme toujours !

Nous avons continué à plaisanter mais nous étions en alerte.
Émergeant de la broussaille, nous avons vu une série de baraquements, puis un chevalet de mine à moitié détruit avec d'énormes poulies en fonte, des wagonnets renversés, une cheminée de briques.
Nous étions étonnés par la dimension des installations. Il faut du matériel lourd pour traiter le minerai.
— Ça ferait un beau décor de western.
— C'est un truc à racheter pour faire venir des touristes.
— Comment cela fonctionnait ?
— Les wagonnets venaient de là-haut.
En effet, au flanc de la montagne, on aperçoit un chemin qui monte en lacets jusqu'à un tunnel situé presque au sommet. À mi-pente se dresse un chevalet semblable à celui d'en bas. Les câbles ont disparu.
— Tu te rends compte du travail de titan : la taille des madriers, le boulot de charpente qu'il a fallu faire ici...
— Et le poids de la fonte, des poulies et des roues. Comment a-t-on amené tout cela jusqu'ici ? Il n'y avait pas de chemin de fer ni de camions en 1900...
— Avec des chevaux et des traîneaux, en hiver, par moins trente degrés. Tout cela venant de Valdez ou d'Anchorage, à 500 kilomètres, avec des cols à franchir !

— Dommage que toute cette force ait été appliquée à un truc aussi aléatoire que l'or.

Nous avions déjà oublié les braconniers et pensions de nouveau au manuscrit. Il fallait reprendre la topographie et faire de nouvelles hypothèses. Nous avions perdu la trace du chevalier après le lac Tanada. Il n'avait peut-être pas pris la vallée de Pass Creek ni en conséquence celle de Canyon Creek. Nous devions regarder d'autres cartes : celles qui décrivaient la géographie plus au nord et plus à l'est. Tom en possédait tout un jeu au lodge. Nous avions perdu du temps. Il fallait revenir au plus vite.

Un Indien lent et cérémonieux nous ramena au lodge dans sa camionnette. Son anglais était impeccable. Il était très fier d'appartenir au « premier peuple d'Amérique ». C'est ainsi que se nomment tous les Indiens. Il était encore plus fier d'être citoyen américain. Il avait fait la guerre au Vietnam. Il nous souhaita un bon séjour dans son pays.

Au lodge, Tom buvait un de ces inimitables cafés américains avec un ranger barbu à l'uniforme impeccable. Ils nous ont accueillis de façon amicale. Non seulement nous étions français, mais nous étions à pied, ce qui était le comble de l'excentricité.

— Alors, vous avez apprécié la solitude des Wrangell ?

— Au contraire, les montagnes nous ont paru très peuplées !

Nous leur avons raconté le passage de l'avion et les trois chasseurs. Le ranger est alors devenu très sec et même glacial. Il nous a posé des questions très précises : description des hommes, type d'armes, localisation sur la carte. Il s'agissait sans doute de braconniers, mais aujourd'hui, avec leurs engins à moteur, ils devaient être loin... Le ranger n'avait que son 4 X 4 de service qui ne pouvait rouler que sur la route.

Nous sommes allés prendre une douche.

Le lendemain, nous avons appris la suite. Le barbu à la chemise à carreaux était guide de chasse à Anchorage, les deux autres étaient des clients venus de Louisiane. Ils étaient venus avec deux camionnettes qu'ils avaient laissées à la mine. Ils avaient utilisé les ATV et étaient entrés sans autorisation dans le territoire protégé, là où la chasse est interdite. De plus, les ATV ne sont permis que sur des sentiers reconnus. Cela expliquait l'attitude hostile de nos voisins de tente.

Nous étions rentrés vers 17 heures au lodge. À 17 heures 20, le ranger avait prévenu par la radio de son 4 X 4 son bureau de Slana, à l'entrée de la route. Slana avait à son tour relayé les informations au quartier général des rangers à Copper Center, à plus de deux cents kilomètres. À 17 heures 35, deux hélicoptères lourds, avec à bord une vingtaine d'hommes fortement armés, avaient décollé de Copper Center. En volant en rase-mottes pour ne pas faire de bruit, ils sont arrivés par surprise sur les braconniers quatre-vingts minutes plus tard. Deux peaux d'ours et celle d'un mouflon de Dall ont été saisies.

Le lendemain, les trois hommes ont été entendus par un juge des flagrants délits. Le guide s'est vu retirer sa licence. Les armes ont été confisquées. Chacun a été condamné à 10 000 dollars d'amende. Après paiement d'une caution, les deux habitants de la Louisiane ont dû quitter l'Alaska dans les quarante-huit heures avec interdiction d'y retourner pendant trois ans. Tout cela s'est passé de façon très professionnelle.

Le plus inattendu restait à venir. Deux jours plus tard, le ranger vint nous annoncer que nous avions des papiers à remplir. Nous devions toucher une « reward », ou récompense, de 500 dollars chacun ! C'était bien le Far West !

10

Nous avons de nouveau étalé les cartes. Après les lacs, un massif pas très élevé, sorte d'avancée des Wrangell, barrait le chemin vers l'est. La vallée de Pass Creek permettait de le traverser. Canyon Creek pénétrait en son cœur. La mine d'or se trouvait à son revers. Nous venions d'explorer ce secteur. Nous n'avions rien trouvé.

Une autre solution était de contourner ce massif par le nord en suivant la route jusqu'à son terme, la mine d'or, mais l'énorme rivière de la Nabesna barrait le passage. La Nabesna prenait sa source dans le glacier du même nom, traversait le marais auquel d'Escures avait renoncé, puis rejoignait la rivière Tanana qui se jetait dans le Yukon. Mais le chevalier ne parlait pas de cette rivière, ni de la façon dont il l'avait traversée !

Louis avait le nez sur la carte :

— Il y a peut-être une explication... Jack Creek est

une petite rivière qui longe la route. Pourtant la vallée fait à cet endroit au moins trois kilomètres de large entre les Mentasta et l'avancée des Wrangell...

— Et alors ?

— Dans le temps, la Nabesna pouvait très bien couler vers l'ouest par cette vallée plutôt que de traverser les marais au nord. Cela s'est passé il y a 350 ans, pas très loin d'ici, dans le parc de Kluane où une rivière a changé de direction du jour au lendemain. Elle se jette maintenant dans le Yukon au lieu du Pacifique. Elle peut encore changer car il n'y a qu'un mètre cinquante de différence de hauteur entre les deux vallées. C'est normal car toutes ces vallées sont des vallées glaciaires qui supportaient le ou les mêmes glaciers. Ici, l'écart de hauteur entre le fond des deux vallées est apparemment de vingt pieds, ce qui fait trois mètres, mais il faut tenir compte de la profondeur des rivières que l'on ne connaît pas, de l'érosion, des mouvements de terrain et des coulées de lave, car tu as vu que la région est plutôt volcanique.

— La Nabesna renforçant la Copper, cela devait doubler le volume de la deuxième.

— Un vrai passage Nord-Ouest !

— Hypothèse intéressante. Il suffisait que d'Escures soit du bon côté du fleuve pour ne pas avoir à le traverser et continuer plus avant... Mais les deux lacs étaient de l'autre côté. Le chevalier les avait longés et, dans tous les cas, il fallait traverser la ou les rivières ! Nous avons alors trouvé une réponse plus plausible. Lors de notre sortie, nous avions remarqué que les limites des glaciers ne correspondaient pas sur le terrain à ce qu'indiquaient les cartes. Ils étaient généralement plus en retrait. Les cartes avaient été faites trente ou quarante ans auparavant et n'avaient pas été corrigées depuis. Pendant ce temps, les glaciers avaient avancé ou reculé, et leur vitesse peut atteindre jusqu'à un kilomètre par an. Depuis deux siècles, le glacier du mont Wrangell lui-même et celui de la Nabesna avaient bien pu reculer de vingt kilomètres... et d'Escures avait pu traverser la Nabesna sans s'en apercevoir, car elle sortait du glacier beaucoup plus loin ! Il n'était même pas sûr qu'il soit passé sur la glace mais sur la moraine frontale, amas de roches que le glacier pousse devant lui.

Dès lors, il avait traversé la vallée où la Nabesna coule aujourd'hui ; de l'autre côté se trouve une nouvelle chaîne de montagnes, les Nutzotin. En face, pénétrant dans la chaîne, il y a une vallée étroite qui mène à un lac qui s'appelle Blue Lake. Au-delà encore, il y a un col nommé Cooper Pass. Ensuite, une vallée assez large et, à droite, une nouvelle vallée menant au plus haut sommet de la région : le mont Allen.

Cette fois, tout s'emboîtait, la topographie correspondait exactement au manuscrit ! D'Escures ne nous avait pas trompés !
— On est partis trop vite ! Au lieu de voir à vingt kilomètres du lac Tanada, il fallait penser à cinquante kilomètres !
Il y avait un obstacle : nous ne pouvions pas franchir la Nabesna ! Tom parut surpris que nous voulions aller aussi loin. La Nabesna était un véritable barrage naturel. Personne n'allait au-delà.
— Vous connaissez le mont Allen ?
— Je n'y suis jamais allé. Jamais personne ne va par là. C'est trop loin pour pêcher et il est interdit de chasser. On est dans le « sanctuaire de l'humanité ».
— « Allen », cela signifie quelque chose en anglais ?
— C'est le nom de celui qui a exploré la région dans les années 1900. Son histoire est ici.
Et Tom alla nous chercher un livre sur les rayonnages.
— Pourriez-vous nous emmener avec l'hydravion sur Blue Lake ?
— Je n'ai jamais amerri là-bas. Cela va être difficile, car le lac ne paraît pas grand, mais c'est faisable si le niveau d'eau est suffisant. Il faut compter deux heures aller et retour, et je ne peux prendre qu'un seul à la fois.
Nous nous sommes concertés. Cela faisait 400 dollars chacun et autant quand il reviendrait nous chercher.

C'était cher, mais nous devions toucher la prime pour les braconniers. Cette solution simplifiait les problèmes et nous faisait gagner du temps.

— OK. Peut-on partir après-demain ? Il faut que l'on prépare les sacs avec neuf jours de vivres.

— D'accord, mais laissez aussi trois jours de vivres au bord du lac car, si la météo n'est pas bonne, je ne pourrai pas venir vous rechercher à la date prévue. Vous devrez les enterrer en arrivant pour qu'il n'y ait pas d'odeur. Sinon les loups et les ours viendront se servir. Là-bas, vous ne trouverez pas de braconniers mais des animaux !

Là-dessus, il nota sur son calepin le jour où il devait venir nous rechercher.

Nous avons lu ce soir-là la biographie du lieutenant Henry C. Allen. Avec six hommes, il avait exploré et dressé la première carte de la région. Il avait aussi assuré le maintien de l'ordre, car les chercheurs d'or prospectaient la contrée. Son nom avait été donné au point culminant des Nutzotin, mais il n'était jamais allé jusque-là. Une photo du début du siècle le montre avec ses soldats. Ils sont tous aussi mal habillés que les chercheurs d'or auxquels ils devaient faire respecter la loi et les usages des gens civilisés. Ils ont tous le regard fixe et farouche que l'on voit sur les visages des photographies de cette époque.

Contrairement à l'opinion courante, l'Alaska de la ruée vers l'or n'a pas connu le règne du banditisme et des règlements de compte qui a sévi dans le Far West quelques années auparavant. Les chercheurs d'or se sont organisés sans attendre l'arrivée de la police ou de l'armée. Ils ont établi spontanément des règles, un ordre et une discipline dans les camps où ils se rassemblaient. S'il y a eu beaucoup de victimes du froid et de la faim, il y a eu très peu de meurtres, alors que l'on pouvait craindre le pire dans ce domaine. Les épisodes, comme le racket organisé par Soappy Smith à Skagway, sont assez rares pour être devenus légendaires. Celui-là s'est d'ailleurs terminé par un duel au revolver au milieu de la ville entre le nouveau shérif et le bandit. Ils tirèrent en même temps. Soappy Smith fut tué sur le coup, le shérif mourut de ses blessures douze jours plus tard. Ils sont enterrés, non pas côte à côte, mais aux deux extrémités du petit cimetière de la ville.

11

L'HYDRAVION ACCÉLÈRE. Le bord du lac se rapproche à toute vitesse, puis l'appareil s'arrache dans le fracas et les vibrations du moteur. À peine décollé, Tom amorce son virage vers l'est. Vue de quelques mètres de haut, la toundra prend déjà un autre aspect. Nous volons à 50 mètres d'altitude au-dessus d'une multitude de lacs, d'étangs, de flaques d'eau, dont nous voyons le fond tant ils sont peu profonds. Le sol est plat, les conifères qui le ponctuent sont d'un vert profond, presque noir. Cette nature donne l'impression d'être incroyablement vieille.

Maintenant, nous survolons le lodge et la bande étroite de la route. L'appareil prend de l'altitude, nous passons au-dessus d'un petit massif en le frôlant.

— Beau temps aujourd'hui ! Pas de vent ! me dit Tom dans les écouteurs.

Le vent est important pour ce « super cub » à deux

places. Lorsque nous passons au-dessus d'un talweg, le courant d'air déporte l'hydravion. Je me doute de ce que cela doit être par grand vent.

— La Nabesna !

La rivière paraît très large, d'un gris uniforme, avec ses méandres multiples dans un océan de galets.

— Élan sur la droite !

Je me penche et finis par découvrir sur une banquette de toundra un élan couché près d'un fourré de saules nains. L'allure préhistorique de cet animal ne détonne pas dans ce paysage de début du monde.

Nous partons réellement à l'aventure. Je n'arrive pas à y croire. Tout paraît si simple quand on est dans l'action. Dans huit jours, nous serons fixés sur ce qui nous obsède depuis des mois et a changé notre vie. Dans ces montagnes et sous ce soleil, les dangers et la mort semblent des choses naturelles pour lesquelles je me sens mystérieusement préparé.

L'hydravion remonte maintenant la vallée profonde de Cooper Creek et nous sommes dominés de part et d'autre par les flancs de la montagne. « Ne confonds pas Cooper Creek et Copper River », m'a dit Louis d'un ton doctoral avant de partir. *Copper*, c'est cuivre en anglais, et *Cooper*, c'est le nom d'un chercheur d'or qui a dû séjourner par ici. De fait, il n'y a pas de ressemblance. La vallée que nous suivons est une gorge

et correspond bien au manuscrit. Je suis persuadé que nous sommes maintenant sur la bonne piste.
Qu'allons-nous trouver ? sous quelle forme ? Où sont les Allemands ?
Je m'imagine que l'on doit trouver de l'or natif. Il brillait au soleil comme l'orichalque des Atlantes. L'or existe dans la région, tout le monde le sait. D'Escures, fatigué, loin de tout, ayant acquis la certitude que le passage Nord-Ouest n'existait pas, malgré un espoir alimenté par des mois de recherche le long de la Copper River, était arrivé au bout de sa quête. Sa récompense était cet or, richesse inattendue dont il ne pouvait pas ramener grand-chose, et qui dans cette solitude n'avait aucune valeur, n'était d'aucun secours. Il avait alors ouvert les yeux sur la hiérarchie des vraies valeurs. Tout l'or du monde ne rachèterait jamais sa faute. C'est peut-être devant ces richesses inutiles qu'il avait décidé de devenir moine.
Sa vie était un vrai roman d'aventures. Mais pourquoi nous étions-nous embarqués à sa suite ? Nous n'avions pas la carrure de ce marin de Louis XVI. Pourtant, il fallait que l'on découvre son secret. C'était notre devoir impérieux et nécessaire, c'était notre destin.
L'avion est en vol depuis presque une heure. Cooper Creek suit un parcours capricieux dans la couche de lave. Nous volons dans la gorge. Il n'y a aucune

végétation, on ne voit que le gris, le noir et le rouge des différentes sortes de cendres et de laves. Nous sommes dans un univers uniquement minéral.

Je pars le premier avec la tente, des vivres, des allumettes et le réchaud. Au cas où l'hydravion ne pourrait pas faire une deuxième rotation pour amener mon compagnon, il faut que je puisse survivre seul pendant plusieurs jours.

Soudain, devant nous, la vallée est barrée par une muraille naturelle. Une partie de la montagne s'est effondrée. Tom met le moteur à pleine puissance et cabre l'appareil. On ne peut pas tourner, la vallée est trop étroite. Il faut passer. L'hydravion monte, mais la paroi se rapproche dangereusement. Nous passons, de justesse.

C'est le lac, d'un bleu éblouissant. Tom coupe brutalement le moteur. L'eau défile à toute vitesse sous les ailes, puis les flotteurs griffent la surface immobile. Le choc est atténué et aussitôt le pas de l'hélice est inversé et le moteur remis au maximum. Nous sommes déjà au bout du lac ; puis, d'un seul coup, le silence, après une heure de bruit de moteur.

Nous sommes dans un paysage complètement différent. Le lac est encaissé entre des parois blanc et orange de cendres volcaniques. Il est surtout d'un bleu incroyable, quasi insoutenable. Nous étions habitués à

des paysages vert sombre, noirs, rouges et à l'éclat métallique de la glace ; nous voici dans les teintes criardes artificielles des premières cartes postales en couleurs. Tom lui-même est impressionné. Il réagit vite :

— Ne buvez surtout pas cette eau ! Elle est empoisonnée ! Ce qui lui donne cette couleur, c'est de l'oxyde de cuivre ! Un poison violent ! Regardez : tout est mort autour et il n'y a pas de poisson. Vous n'aurez pas de visite d'ours ou de loups.

Je comprends l'étonnement du chevalier d'Escures en arrivant ici et les « couleurs étranges » dont il parle dans le manuscrit. Tout paraît artificiel : une sorte de décharge gigantesque d'un fabricant de peinture.

— Des cendres de cette couleur ne sont pas rares, me dit Tom, il y en a aussi dans la vallée des Dix Milles Fumées, dans le Katmai, et à Polychrom Pass, dans le parc du McKinley. Je ne savais pas que cela existait aussi dans les Wrangell.

Nous sommes dans un univers quasi chimique, clos, empoisonné et inquiétant. Le silence est absolu, angoissant.

Blue Lake est né d'un barrage naturel. Un flanc de montagne s'est effondré. Les parois sont abruptes sur trois côtés. Seule à l'est, une petite plage où coule un filet d'eau, mais la vallée s'élève rapidement après.

Le site de ce lac et les couleurs sont vraiment étranges. Nous n'allons pas nous attarder longtemps ici.
Je débarque très vite mon matériel et l'hydravion repart aussitôt à l'autre bout du lac pour son décollage. Le départ d'un hydravion est toujours un beau spectacle... En passant à quelques mètres au-dessus de moi, Tom me salue en faisant basculer les ailes de son avion. Puis je suis seul, loin de tout, pas très rassuré.
Dans une boîte étanche, je mets des pâtes, du thé, du fromage et quelques sachets de soupe. Je les enterre un peu au-dessus de la rive et recouvre l'emplacement de grosses pierres à la manière d'un cairn, mais il ne doit pas y avoir beaucoup d'animaux dans un environnement pareil...
Louis doit arriver dans deux heures. Entre-temps, je commence à monter notre matériel vers Cooper Pass. J'entends, d'abord imperceptiblement puis de plus en plus clairement, le ronronnement du moteur. L'hydravion revient. Cette fois, Tom passe nettement au-dessus du barrage.
Tom prend congé de nous d'un air perplexe. Qu'est-ce que nous venons faire par ici ? Notre nouvelle randonnée lui paraît totalement absurde.
Nous commençons notre ascension avec le reste du matériel. Je retrouve mon sac laissé à mi-pente. En montant lentement, on peut tout prendre en une seule

fois, mais nous avons un chargement de plus de 30 kilos chacun.
Après un coude, la vallée s'élargit brusquement et débouche sur un col qui paraît très haut et très lointain. Il nous faudra plusieurs heures pour l'atteindre. Au-delà, c'est l'inconnu, nous sommes aux limites du monde exploré.
Chaque pas est pesant, les bretelles des sacs scient les épaules, le souffle est court, nous devons nous arrêter souvent. Recharger les sacs sur le dos consomme beaucoup d'énergie. Très vite, la sueur ruisselle et brûle les yeux. Nous ne voyons pas la fin de cette montée, bien que la pente s'adoucisse un peu. Le col est là-haut sur la ligne d'horizon et semble toujours plus loin.
On est maintenant sur une sorte de plateau incliné dont on ne voit pas l'autre côté. Cela fait trois heures que nous montons. Ici et là, des bois de caribou jonchent le sol comme des squelettes blanchis et ajoutent au caractère désolé du paysage. La vallée s'élargit encore. Le plateau terminal fait maintenant plus d'un kilomètre de large. Le vent se met à souffler et devient de plus en plus fort. C'est signe que l'on arrive en haut du col. Quelques plaques de neige et de glace subsistent encore. Le vent empêche toute végétation de pousser. Soudain, l'autre côté se déploie. Un immense paysage

à perte de vue : nous sommes arrivés au col de Cooper Pass.

En bas coule une rivière dans une vallée qui s'étage en terrasses. La vallée fait bien cinq kilomètres de large. C'est l'Autre Monde, celui que personne n'a encore jamais vu. Sauf d'Escures, il y a deux siècles ; et peut-être le lieutenant Allen et ses hommes, il y a un siècle... mais ce n'est pas sûr.

Ce nouveau paysage est austère mais moins désolé que Cooper Pass. C'est un monde d'avant la civilisation où paissent quelques caribous sur une banquette de toundra. Ces animaux n'ont jamais vu d'êtres humains. Nous avons l'impression d'un paradis oublié, de la terre telle qu'elle existait avant l'arrivée de l'homme.

Nous descendons plein est vers la rivière. Il est sept heures du soir, le soleil est encore haut.

Nous pénétrons dans un monde perdu.

12

UNE CURIEUSE LUMIÈRE laiteuse baigne la tente et me réveille.
Ma montre indique 2 heures 30 du matin. Le froid est vif. Je passe la tête dehors. C'est toujours la nuit, mais il n'y a plus d'étoiles. Une lumière blanchâtre comme celle d'une pleine lune éclaire le paysage. Soudain, une sorte de feu de Bengale vert jade jaillit vers le ciel. D'autres s'allument silencieusement venant du ciel ou de la terre. On croirait des sortes de feux d'artifice ralentis et silencieux. Ces trains de lumière s'entrecroisent dans le plus grand silence. C'est très impressionnant.
Entre-temps, Louis s'est réveillé :
— Qu'est-ce qu'il se passe ?
— Les Martiens arrivent !
— *Rencontre du troisième type* !
— Une aurore boréale !

Nous sommes fascinés. Malgré le froid, l'aurore boréale nous fige dans une admiration un peu craintive. Cela ne se passe pas dans les couches supérieures de l'atmosphère, comme le montrent d'habitude les illustrations, mais tout près de nous et semble parfois monter du sol. Les illuminations s'arrêtent à un endroit pour reprendre à un autre. Il fait clair, pourtant c'est la nuit, et cette clarté occulte les étoiles.

— Spectacle sans son mais avec lumière, offert par la nature.

Nous nous recouchons à regret car la féerie continue, et nous nous rendormons.

Au plus profond de notre sommeil, un hurlement nous réveille de nouveau. Une plainte lointaine, inhumaine, terrifiante.

— Des loups... j'en suis sûr... des loups, me dit Louis.

Le hurlement se prolonge par une sorte de toux sèche et se termine en ululement.

— Cela ressemble à l'aboiement du chacal mais ce n'est pas cela... je connais ceux du chacal et de l'hyène mais ce n'est pas cela.

— Alors est-ce ce fameux wolverine qui s'attaque à tout ?

— On aurait peut-être dû prendre des armes. Entre les braconniers, les loups, on en aurait peut-être besoin.

— Il faut se dire que l'on court plus de risques en traversant les Champs-Élysées à Paris.
Le lendemain, le temps était sec. Le froid de la nuit avait dégagé le ciel. Nous étions complètement remis des fatigues de la veille. Nous avons été de nouveau frappés par la couleur bleue très pâle des ciels de l'Arctique. On est loin des bleus profonds des régions tropicales. Sont-ce les milliers de kilomètres carrés de glace qui donnent cette teinte diaphane ?
Le chargement est toujours très lourd. À la prochaine étape, on déposera un peu de nourriture pour le trajet de retour. Nous longeons la rivière sur ses rives de galets caractéristiques des rivières d'Alaska. Sous un aspect apparent uniformément gris, les pierres sont de toutes couleurs et de toutes variétés : marbrées, jaspées, avec des inclusions, des couches alternées et des teintes vertes, rouges, argentées, grises, dorées. L'Alaska est un paradis pour les géologues.
Devant nous, la vallée s'étendait, très large, presque à perte de vue. Au fond, peut-être à trente kilomètres, une nouvelle chaîne de montagnes barrait l'horizon. Un vaste plateau surplombait la rivière au nord ; au sud une tranchée dans la couche de cendre, avec des reliefs fantastiques sculptés dans la cendre.
— En Europe, cette galerie de statues gigantesques serait un but d'excursion et ferait la fortune touristique

de la région. Ici, elles sont ignorées, nous sommes les premiers à les voir ! C'est du luxe !
Ces statues adossées contre la montagne montaient la garde pour l'éternité. Nous étions hors du monde et hors du temps. Quelle que soit la suite des événements, nous savions que nous n'oublierions jamais ces instants.
Le soir de cette journée, nous avons atteint la vallée qui débouchait sur notre gauche. D'Escures l'avait remontée au lieu de continuer tout droit vers l'est. Nous savions d'après la carte que cette vallée obliquait un peu plus loin vers l'est. D'Escures ne le savait pas. Pourquoi avait-il bifurqué ? Voulait-il conserver son orientation nord ? Avait-il une autre raison ? Depuis Blue Lake, la description du manuscrit correspondait fidèlement à la réalité. Nous devions suivre ses pas.
Nous avons établi notre camp au confluent de la rivière qui provenait de cette vallée et de celle que nous avions suivie depuis le matin. Une fois encore, la bulle argentée de notre tente semblait minuscule et fragile dans cette immensité.
L'eau de ce nouveau creek était claire et peu profonde. Elle venait sans doute d'un glacier. S'il fallait la traverser, on n'aurait pas de problème.
Ce soir-là, nous avons veillé longtemps avec notre fiasque de Yukon Jack. Ce whisky canadien au goût d'orange amère est fort prisé en Alaska. Nous l'avions

adopté aussitôt. Il faut le boire au bivouac, les pieds au chaud contre le feu de camp, en regardant la nuit arctique lumineuse et bourrée d'étoiles... On est loin de tout... mais tellement bien !

Le roi et La Pérouse avaient choisi les meilleurs marins pour cette expédition, et d'Escures était le commandant en second de l'expédition. Il devait être d'une trempe exceptionnelle. Le modèle de cet homme, qui nous avait par hasard légué son message et dont nous étions maintenant les héritiers, nous inspirait du courage. C'était à nous personnellement qu'il avait transmis son secret. Nous devions nous en montrer dignes. Après tout, nous n'avions, ni l'un ni l'autre, de biens ou de famille qui servent généralement d'alibi au manque de courage. Il y avait en cela une mystérieuse parenté entre lui et nous. Louis avait apporté un jeu complet de cartes et une boussole munie d'une loupe grossissante. Il s'efforçait d'imaginer à l'avance le relief que nous découvrions au fur et à mesure de notre progression grâce aux courbes de niveau, aux réseaux de cours d'eau et aux couleurs de la carte.

— Les abords du mont Allen me paraissent bien tourmentés. Je ne sais pas ce que nous allons y découvrir car la glace semble tout recouvrir. On ne voit pas de cratère. En revanche, autant que je peux le projeter par les courbes de niveau, le mont Allen me paraît ressembler à une pyramide... de dimensions colossales !

— Ce serait cela « qui jalonne le Temps et l'Espace », selon le manuscrit.

— Pour le temps je ne sais pas, mais pour l'espace cela paraît probable. Je suis étonné que personne avant nous ne se soit avisé de ce mont Allen, alors qu'il figure sur toutes les cartes d'Alaska et qu'il est le point le plus haut que l'on trouve en venant du pôle ou en venant... incroyable...

Louis froisse fébrilement une brassée de cartes.

— Qu'est-ce que tu viens de découvrir ?

— Le mont Allen est secondaire par rapport au volcan du Wrangell, au Sanford, au McKinley, mais c'est le plus haut quand on vient... de Chamonix !

— Quoi ?

— Je confirme et signe : au nord, il n'y a pas plus haut jusqu'au pôle Nord, à l'est, il n'y a pas plus haut jusqu'à la chaîne des Alpes ! Il suffit de savoir lire une carte !

— Pourtant, il ne fait pas 3 000 mètres !

— Cela suffit pour en faire un point géodésique naturel remarquable.

— Depuis deux jours nous avons vu un lac étrange, entendu des hurlements mystérieux, assisté à une aurore boréale insolite, longé des statues gigantesques dans une région encore inexplorée. Nous avons trouvé des explications rationnelles à chaque chose, mais leur accumulation commence à ne plus être très normale.

— C'est ce qu'a dû se dire aussi notre chevalier. Je commence à mieux comprendre son changement de style. Pourtant ce type n'était pas impressionnable.

Le lendemain, nous nous sommes engagés dans la vallée menant au mont Allen. Nous avons franchi sans problème deux torrents qui venaient de talwegs transversaux. Le soir, nous avons atteint le coude de la vallée et campé sur une banquette de toundra qui dominait la rivière. L'endroit était idéal. L'eau était à proximité. Il y avait de la mousse et de magnifiques fleurs jaunes. Nous avions du bois à profusion pour le feu. Le ciel était sans nuages.

Ce soir-là, je n'ai pas pu résister à l'envie de monter sur l'épaulement de la montagne pour essayer de voir ce qui se trouvait au-delà du virage de la rivière. La nuit commençait à tomber. Il a fallu que je grimpe assez haut pour que se déploie le reste de la vallée.

J'ai alors aperçu, encore très loin, dans une brume grise, une forme énorme et triangulaire : le mont Allen.

13

Un jour gris se lève. Les nuages sont accrochés aux flancs de la montagne. L'air est frais et vivifiant malgré le temps. C'est un vrai bain de jouvence.
— « L'étude est triste et l'action est joyeuse », je ne sais plus qui a dit cela, mais cela me paraît approprié ici et maintenant !
— On devrait laisser la tente sur cet emplacement idéal et partir avec des sacs allégés.
— Les Allemands ne semblent pas nous avoir suivis et je crois que cette fois nous sommes les premiers.
Nous avons pris un solide petit déjeuner. En fait, plutôt un vrai repas. Nous avions quand même une vague appréhension car le dénouement approchait. Nous évitions de penser à la déception si nous ne trouvions rien, et à ce que nous allions faire si nous trouvions quelque chose.
Nous avons laissé tente et matériel. Nous avons

enterré la nourriture. En venant, nous avions trouvé des excréments d'ours et de caribou, il valait mieux être prudents. Enfin, nous avons lesté la tente de grosses pierres pour parer une éventuelle tempête ou un coup de blizzard arrivant soudainement.

Nous partions en principe pour la journée, mais nous avons emporté nos sacs de couchage et deux jours de vivres, pour le cas où...

Les événements qui suivirent nous donnèrent raison !

La vallée était coupée de nombreux ravins transversaux peu profonds au fond desquels des torrents et ruisseaux coulaient vers la rivière.

— Une définition de l'Alaska pourrait être : « de l'eau et des vallées » !

La vallée s'encaisse progressivement en forme de gorge et ce qui, de loin, nous paraissait un simple talus devient, quand on l'approche, une falaise de plus de 50 mètres de haut. De l'autre côté, la montagne domine de près de 400 mètres. On ne peut pas passer par le bas. Nous devons grimper sur cette falaise. Hors d'haleine, nous en atteignons le sommet. En bas, la rivière roule avec fracas. Devant nous, le bout de la vallée se dévoile. D'abord un peu de toundra, puis un immense pierrier barré par une muraille : la moraine frontale. On ne voit pas d'ici ce qu'il y a derrière, mais croisant l'horizon, la masse en triangle du mont Allen.

— Il paraît loin !

— Pas plus de dix kilomètres d'après la carte. On ne va pas s'amuser dans ce chaos de rochers.

— Je n'ai jamais vu de paysage aussi tourmenté !

— Qu'est venu faire notre marin là-dedans ?

Nous nous sommes pris à douter. Jusqu'à présent, d'Escures avait suivi des rivières. Puis il avait vu qu'au-delà du lac Tanada, il se trouvait dans un massif qui barrait le passage. Il avait persévéré ; après être monté à Blue Lake et avoir franchi Cooper Pass, il était redescendu vers une nouvelle vallée qui permettait une progression facile vers l'Atlantique. Pourquoi l'avait-il quittée pour venir dans ce chaos gigantesque ?

Le mieux est de ne pas y penser et de continuer.

Nous quittons bientôt la toundra pour le pierrier. Nous sommes à trois jours de marche de Blue Lake et l'hydravion ne revient que dans six jours.

— Traverser ce déluge de rochers, c'est l'angoisse !

— Expression correcte ! L'angoisse est une peur sans cause précise. Pour l'instant il n'y a pas de danger. On a bien mangé et on a bien dormi, nous sommes en pleine possession de nos moyens.

— Aptes à tout mais bons à rien !

— À l'assaut de sommets impensables et inutiles, à la recherche d'un objectif inconnu mais délirant, dans la foulée d'un certain d'Escures pas bien sûr !

— Des Archives nationales au mont Allen, ou l'itinéraire téméraire de deux chercheurs de trésor...
— Ou l'art de se perdre dans l'Espace et le Temps !
— Ou l'art de perdre son temps !
Cet échange verbal est stoppé net par un bruit régulier et saccadé que l'on perçoit de plus en plus nettement par-dessus le bruit de la rivière. Cela semble venir de derrière nous, mais le coude de la vallée nous empêche de voir.
— Un bruit de moteur ?
Le bruit devient plus saccadé.
— Un hélico !
Instinctivement nous nous réfugions derrière un rocher. Le son grandit. C'est bien un hélicoptère.
— Il a dû repérer la tente !
— Peut-être des rangers ?
Le bruit devient assourdissant. L'engin doit voler très bas. Soudain, il est sur nous. Il remonte la rivière à quelques mètres seulement. Il nous dépasse. Le bruit s'éloigne, puis s'arrête net. L'hélicoptère s'est posé avant le fond de la vallée, pas très loin de nous.
Nous traversons la vallée pour monter sur un escarpement. À la jumelle, nous voyons l'engin. Il est posé à deux kilomètres environ en avant de nous.
Trois silhouettes débarquent du matériel. Nous avançons prudemment. Il va falloir les dépasser.

Le bruit du moteur reprend. L'hélicoptère repart. Il n'est pas resté plus de vingt minutes au sol. Il longe de nouveau la rivière et disparaît bientôt après le virage.

— Ils sont deux. Apparemment un homme et une femme. Ils sont en train de monter une tente. Ils ont trouvé un îlot de verdure au milieu de la pierraille. C'est l'avantage de voir les choses d'en haut. C'est sans doute nos Allemands.

— Il n'y a qu'eux pour venir ici.

— Ils savent que nous sommes déjà là.

— Ils ont les moyens ! L'heure d'hélico est au moins à 800 dollars et ils viennent de loin !

Toutes sortes d'idées se bousculent dans nos têtes.

— Ils n'ont pas demandé au pilote d'aller plus loin pour ne pas le mettre dans le coup.

— Ils ont dû lui dire qu'ils chassaient.

— Sauf que la chasse n'est pas ouverte, ni autorisée dans ce secteur !

— Ou bien ce sont encore des braconniers et pas nos Allemands.

— Qui veux-tu que ce soit ? Tom dit que personne ne vient par ici. Lui-même n'y est jamais venu.

— Qu'est-ce qu'on fait ?

— On continue et on passe au large. Il vaut mieux être devant, même en marchant de nuit.

— Ce n'est pas possible sur ce terrain !

Cette intrusion au moment où nous touchons au but est une nouvelle insulte. Ils vont s'installer plus près que nous du mont Allen. Ils ne sont pas fatigués. Il faut absolument les doubler. Pourquoi se cacher ? Ils savent que nous sommes là. Qu'avons-nous à cacher ?
— On ne va pas se conduire en gamins pris en faute et jouer aux Indiens !
— On va les voir ?
— Tôt ou tard, on devra les rencontrer.
J'étais résolu à vider l'abcès. En fait, je voulais savoir, pour retrouver une certaine tranquillité d'esprit. Ils nous avaient volé notre découverte. J'ai toujours eu horreur des tricheurs. Aller les voir nous mettait sans doute en état d'infériorité, mais ce que je craignais et recherchais en même temps, c'était une certaine forme de politesse. En Alaska, comme sur mer ou en montagne, il y a une solidarité de fait. Je voulais être sûr de leurs intentions.
Nous nous sommes approchés, un peu tendus. C'était bien eux. Cela nous a paradoxalement un peu soulagés. Ils étaient de vieilles connaissances. Je les ai abordés en anglais :
— Bienvenue au mont Allen !
Louis a ajouté, en prenant l'accent d'Oxford :
— Ne nous sommes-nous pas déjà rencontrés ? Ne serait-ce pas à Paris, il y a quelque temps ?

L'homme parut très surpris. La femme ne dit pas un mot, mais nos regards se croisèrent. J'ai retrouvé ses yeux bleu acier et ses cheveux blanc et blond.

— À Paris... À quelle époque ?

Son anglais est aussi distingué que celui de Louis.

— Eh bien, il y a deux mois, me semble-t-il...

Le ton de Louis reste très mondain. Cela devient surréaliste. L'Allemand nous regarde d'un air sincèrement perplexe. Il maîtrise parfaitement son jeu. Notre affirmation doit lui paraître un peu déplacée. Il ne répond pas, mais nous demande :

— Vous chassez ou vous randonnez ?

Il ne sait donc pas que la chasse est interdite. Son air très naturel m'exaspère.

— Nous explorons... et vous ?

— L'hélicoptère vient nous rechercher dans huit jours. On va rayonner à partir d'ici.

L'homme est sûr de lui. Il ne répond que ce qui lui convient.

— Alors, bon séjour !

Je n'ai pas pu m'empêcher d'intervenir sur un ton sarcastique. Cela suffit pour l'instant.

Au moment de repartir, je regardai de nouveau la femme qui n'avait pas cessé de nous observer attentivement. Elle esquissa un vague sourire. J'ai eu alors la conviction qu'ils ne nous voulaient pas de mal. Mais dans le matériel qui venait d'être débarqué, il y avait un étui de fusil. La chasse était interdite. Sécurité contre les ours peut-être ? On utilise plutôt des bombes très puissantes de gaz lacrymogène contre ces animaux. Alors ?

Nous étions néanmoins furieux contre eux et contre nous. Rien n'avait été dit. L'homme ne s'était guère ému et n'avait pas cherché à en savoir plus. Rester dans des généralités l'arrangeait sans doute plus que nous.

— Pas causants !

— Auraient-ils quelque chose à se reprocher ?

— Ils ne nous ont même pas demandé d'où l'on venait.
— Nous ne leur avons pas demandé non plus !
— Ils ont répondu en anglais sans chercher à en savoir davantage. Pourtant, ils connaissent le français du XVIIIe siècle…
Nous avions un peu d'avance sur eux. Il fallait en profiter.
À mesure que nous approchions, nous nous sommes rendu compte que, derrière la moraine frontale qui barrait la vallée, s'étendait un glacier très lisse qui montait en pente douce vers le mont Allen. Ce dernier devait être sur le bord opposé du cratère dont on distinguait encore mal les contours.
Si le mont Allen paraissait si haut, c'est, comme me le fit remarquer Louis, qu'entre la vallée et son sommet il y avait deux milles mètres de dénivelé. Le pic lui-même faisait un kilomètre d'une seule volée.
— C'est le problème de la comparaison entre l'Everest et le McKinley, le plus haut sommet d'Amérique. L'Everest est bien plus élevé, mais pour le gravir on part à son pied d'une altitude bien plus haute que pour le McKinley. La hauteur à escalader est ainsi moins importante à l'Everest qu'au McKinley. C'est pourquoi, même par très beau temps, il faut trois semaines pour atteindre le sommet du McKinley.

Nous sommes arrivés au bord du glacier. Tout allait maintenant se passer sur la glace. Nous ne pouvions pas voir encore la base du mont Allen, mais ce que nous en voyions était déjà étonnant. Sa paroi était très lisse, quasi verticale, mais surtout ses deux arêtes étaient parfaitement droites et symétriques.

— Vu d'ici, cela ressemble à la face nord de l'Eiger mais en plus régulier.

— On croirait même que cette montagne est artificielle tellement elle est géométrique. Pourtant elle n'a pas été construite par l'homme.

— C'est dix fois la pyramide de Teotihuacan au Mexique.

— Et c'est cinquante fois celle de Keops en Égypte !

Malgré cette nouvelle curiosité – ou anomalie – de la nature, notre pensée allait sans cesse à nos deux Allemands.

— Le type a l'air vraiment d'un dur.

— La femme est aussi hermétique.

Sur ce, un coup de feu retentit.

— La chasse est interdite !

— Il essaie son matériel. Il tire peut-être sur un corbeau.

— C'est interdit aussi !

Avertissement ou simple exercice ?

— Nous ne sommes pas si isolés que cela. Tom revient dans six jours. Si nous ne sommes pas à Blue

Lake, il entamera des recherches et enverra les rangers. Le pilote de l'hélicoptère nous a vus aussi.

— On ne va plus faire de feu. Nos vêtements ne sont pas voyants. On prendra aussi des tours de garde. C'est dans le silence et la légèreté que réside la sécurité.

Pour conserver notre avance, nous avons décidé de dormir aux abords du glacier. Nous avons enroulé nos sacs de couchage dans des toiles plastifiées et nous sommes installés à l'abri du vent et de la réverbération du froid de la masse de glace. Cela constituait un bon entraînement pour les jours à venir. Avec nos matelas de camping isolants, nous avons très bien dormi tout en assurant un tour de garde par précaution.

14

Nous nous sommes levés à quatre heures du matin, à la fin de mon tour de veille. C'était l'heure de la rosée et du froid humide. Une aube gris sale se levait sur les rochers. La double ration de cacao et de quaker accompagnée de la traditionnelle confiture d'abricot fut avalée en silence.

Pour atteindre le bord du glacier, nous avons traversé un amas instable et glissant de rochers superposés. Il y avait là un mélange de blocs de lave témoins d'éruptions récentes et de blocs de basalte provenant d'éruptions plus anciennes, entraînés par le glacier jusqu'ici.

Nos bâtons nous ont permis de progresser relativement vite et nous nous sommes trouvés à la langue finale du glacier. Elle arrivait comme une carapace effilée sur le sol pierreux. La rivière sortait avec fracas de dessous un voile de glace diaphane et fragile aux courbes aériennes et gracieuses. Le bord du glacier

était ainsi comme suspendu au-dessus de la rivière. Nous avons mis nos crampons et nous nous sommes encordés avec les nœuds « en huit » de rigueur.
Nous avons eu quelques difficultés pour grimper sur le glacier dont le rebord était fragile et partout en surplomb. Des cavernes le minaient par en dessous. Il a fallu enlever les crampons, puis exécuter un rétablissement à la force des bras, les mains agrippées sur les piolets. C'est en sueur et à plat ventre que nous avons enfin pris pied sur le glacier.
Sa surface était parfaitement lisse, d'un blanc translucide, immaculé. Pas de pont de neige, aucune crevasse visible ; il montait en pente douce vers ce qui devait être le cratère. Trois pitons géants émergeaient en haut de la glace et se dressaient comme d'immenses menhirs.
— Tiens, cela ne figure pas sur la carte ! Il est vrai que c'est passablement difficile à interpréter vu d'un satellite et transcrit directement par un ordinateur graphique sur une carte. D'ailleurs le cratère est rempli de glace et le relief est plutôt confus.
C'est la première fois que Louis montait sur un glacier mais il se débrouillait très bien. Il avait vite compris le système de laçage des crampons sur les chaussures. Il tenait toujours tendue la corde de sécurité entre nous. Si le glacier était ici sans danger, ce serait sans doute différent là-haut. Malgré l'impatience de la découverte,

il fallait faire preuve de prudence. Je décidai de faire quelques exercices d'entraînement pour le cas où...

— Allons, ils vont nous doubler !

— Ce n'est pas une course de vitesse ! Ils auront d'ailleurs les mêmes problèmes que nous. Tu ne pars pas en mer sans un minimum d'exercices, ici c'est pareil. C'est la première fois que tu déambules sur la glace, ne l'oublie pas !

Il fallut faire quelques chutes fictives pour que Louis comprenne que si l'un de nous tombait dans une crevasse, l'autre ne pourrait que chuter aussi sur le sol et chercher à s'ancrer dans la glace avec son piolet en attendant que le camarade interrompu dans sa propre chute... s'en sorte par lui-même ! Car, à deux, une cordée est dangereuse. Bien que nous soyons du même poids, il est bien difficile de hisser celui qui pend à l'autre bout...

Nous avons aussi fait l'ascension d'un mur de glace. C'est un autre aspect de l'exercice de sauvetage dans une crevasse. On utilise les pointes avant des crampons et deux piolets. Il faut « coller » à la glace. C'est impressionnant, spectaculaire, fatiguant, mais... rassurant. La glace est une matière presque vivante, qui bouge sans arrêt, mais qui tient bien quand on y enfonce énergiquement des pointes d'acier. Nous avons passé deux heures dans ces exercices qui nous ont donné confiance pour la suite.

Le jour s'était levé. Des nuages bas et gris rendaient le paysage austère et encore plus désolé.
Nous avons repris notre progression. La glace n'est plus aussi lisse. Nous entendons cascader une rivière souterraine dans les profondeurs. Une faille étroite et profonde barre notre route. Au fond, on entend rugir l'eau qui glisse entre des couloirs de glace. L'eau a poli des rivages relevés, des spirales, des « moulins », mot bien français qui désigne aussi en anglais les circonvolutions qu'elle a sculptées. En longeant la crevasse, nous trouvons un endroit plus large où la descente au niveau de l'eau, puis la remontée de l'autre côté sont rudes mais possibles. Quand nous descendons, le froid de la masse de glace nous rappelle que l'on ne peut pas rester très longtemps dans une crevasse. Nous remontons bien vite...
— Il faudra se souvenir de retraverser ici !
Cela me remémore le récit de John Muir dans son livre *Voyage en Alaska*, au siècle dernier : au retour d'une reconnaissance sur un glacier, il passa une nuit à retrouver le passage qu'il avait emprunté à l'aller. Sur un glacier, tout se confond et rien ne ressemble plus à une crevasse qu'une autre crevasse.
D'Escures ne parle pas de glacier. Soudain une idée me traverse l'esprit et je crie à Louis à l'autre bout de la corde :

— Il y a deux siècles, il n'y avait peut-être pas de glace ! Et ce qu'a vu d'Escures est peut-être là-dessous !
Louis réfléchit un peu. L'idée l'a ébranlé.
— Il y a eu en Europe une mini-glaciation entre l'an 1300 et le début du XVIIIe siècle. On en a des traces dans les Alpes et même sur les gravures anciennes. En Amérique je ne sais pas, mais on peut admettre que c'est la même chose. S'il y a eu retrait du glacier à la fin du XVIIIe siècle, lors du passage de d'Escures il devait rester beaucoup de glace, surtout en haut.
Nous montons lentement mais régulièrement. L'altimètre que j'ai emporté indique 4 800 pieds, soit 1 600 mètres. Il est maintenant dix heures et demie. Le ciel reste gris sale. Nous approchons des colonnes de lave déchiquetées dressées vers le ciel. Elles sont plus hautes que nous ne le pensions.
Nous nous arrêtons pour souffler un peu.
Des rayons de soleil illuminent une large bande de montagne à mi-pente sur notre gauche.
— Enfin un peu de soleil !
— Jusqu'à nouvel ordre, à cette heure-ci, le soleil n'est pas encore à l'ouest. Il n'est même pas au sud. D'ailleurs le ciel est totalement couvert !
Nous regardons de nouveau : la plaque lumineuse est bien là. Elle fait environ 500 mètres carrés. Elle a des contours un peu flous et irréguliers, mais elle est fixe.

— Qu'est-ce que c'est ? C'est anormal. En tout cas, ce n'est pas le soleil !

— Peut-être un affleurement de cuivre natif... ou de tungstène ?

— De l'or ?

— Pour que les métaux brillent il faut de la lumière. Il n'y en a pas !

Nous y pensons en même temps :

— L'orichalque de l'Atlantide !

Mais nous ne pouvons pas y croire. Un métal scintillant, émettant de la lumière comme un ver luisant ! Nous n'avons jamais vu ni entendu parler de cela !

— On se calme ! Le radium et l'uranium émettent bien des radiations.

— Oui ! mais on ne les voit pas !

— D'ailleurs ici, ce n'est peut-être pas du métal : la lumière semble venir de la montagne, du magma de terre et de cendre.

— On va peut-être avoir l'explication plus loin ! En tout cas, si c'est cela qu'a voulu décrire d'Escures dans son manuscrit, la comparaison avec l'orichalque est judicieuse. L'existence de métaux radioactifs comme le radium était encore ignorée de son temps.

— On ne sait toujours pas pourquoi il s'est détourné de sa route pour venir faire du tourisme au mont Allen, mais jusqu'à présent, il ne nous a pas raconté d'histoire !

— Si la capitale de l'Atlantide avait ses temples, ses palais et ses murailles recouverts d'orichalque et que cet orichalque soit comme ici une matière dorée et phosphorescente, cela devait être prodigieux et féerique. Pas étonnant que cette légende ait traversé les siècles ![*]

— On n'a peut-être pas fini d'être étonnés !

La surface du glacier commence à se modifier à mesure que nous montons. De grands entonnoirs en ponctuent la surface. Nous passons sur une sente étroite entre deux gouffres au fond desquels miroite une eau très pure bordée d'une frange irisée de glace. Nos bâtons et nos crampons nous permettent de franchir cette passerelle sans difficulté.

L'univers de la glace est d'une grande beauté. Les formes sont douces et arrondies. La couleur peut être un blanc pur mais aussi, par endroits, délicatement nuancée de gris, d'argent, de bleu ou de rose. Çà et là, un rocher noir jalonne la surface. Le froid y est sournois. L'apparence de calme est démentie par des craquements, par la chute de blocs de glace, par le ruissellement permanent en surface d'une eau qui, en

[*] Cette luminescence sur la paroi de la montagne est restée permanente pendant tout notre séjour. Elle doit encore continuer aujourd'hui. Malgré toutes nos recherches nous n'avons pas trouvé d'explication satisfaisante à ce phénomène. *(Note de l'Auteur)*

s'enfonçant dans les interstices de la glace, semble s'évaporer mystérieusement. On a toujours l'impression de marcher sur quelque chose de vivant, de mouvant et d'instable.

Nous sommes persuadés que l'on va découvrir la vérité dans le cratère au-delà des colonnes rocheuses, mais la marche est de plus en plus difficile. Nous avançons dans un labyrinthe de passages et de passerelles entre les crevasses.

— Il faut repérer où nous passons pour pouvoir revenir !

— Il y a la trace de nos pas.

— Pas suffisant. En cas de vent ou de brouillard, on ne voit plus rien...

Nous ne regardons plus en l'air, mais chaque pas que nous faisons. Nous avons dû déjà sauter deux fois au-dessus de crevasses et enjamber de nombreuses fissures. Une neige gelée a remplacé la glace polie du début. Les énormes colonnes hiératiques se rapprochent, mais nous allons de plus en plus lentement en zigzaguant entre les crevasses. Nous marquons maintenant notre chemin par de petits cairns de pierres empilées.

En regardant ma montre, je m'aperçois qu'il est déjà quatre heures et demie. Nous sommes sur le glacier depuis plus de dix heures. Nous n'avons rien mangé.

Les banquettes de glace sont trop étroites pour dormir. Nous ne pouvons pratiquement plus avancer, pourtant nous avons pris progressivement de plus en plus de risques.

— Il est trop dangereux de continuer par ici. Il faut trouver une autre route.

Nous nous arrêtons. La fatigue se fait maintenant sentir. Nous sommes à 300 mètres du bord du cratère, en contrebas. D'autres piliers de basalte le jalonnent de façon presque régulière. Maintenant on voit bien la forme pyramidale du mont Allen. C'est fascinant. Il semble que tout le site soit un monument cyclopéen. Nous savons qu'il y a quelque chose d'insolite dans ce cratère mais nous ne pouvons pas y accéder. Il faut trouver un autre chemin.

Camper sur la glace et dormir sur l'eau glacée qui ruisselle n'est pas la meilleure solution. Si nous devons le faire demain, autant que les sacs de couchage ne soient pas mouillés dès la première nuit. Nous devons redescendre jusqu'en bas du glacier. Nous faisons demi-tour sans un mot.

La descente s'effectue rapidement malgré la fatigue. En arrivant sur la moraine, il se met à pleuvoir. Il faut pourtant dîner et dormir.

La tente que nous avons laissée sur sa banquette de mousse et de toundra nous paraît maintenant le summum du confort, mais nous trouvons près du glacier un peu de lichens pour notre deuxième bivouac. Nous faisons une soupe sur notre réchaud ainsi que nos habituelles pâtes au fromage. La fatigue est venue brutalement. Nous ne pensons ni aux Allemands, ni à d'Escures et ses merveilles, ni même aux tours de garde. Nous devons impérativement dormir. Il est tout juste huit heures du soir.

15

Il a dû pleuvoir cette nuit. Nous ne nous en sommes pas aperçus, nous dormions trop profondément. De nouveau, une aube sale éclaire ce paysage grandiose et désolé. Il est 5 heures 15 ; on va savoir aujourd'hui !

Le chemin d'hier était le plus direct, mais il nous a conduits dans une zone de crevasses. Ce matin, nous allons passer plus à l'est. Le parcours paraît plus sûr, du moins à la jumelle. Mais nous devons passer près de séracs, blocs de glace dressés qui présentent toujours le risque de se détacher. Il faut atteindre tôt ce matin ce secteur avant que le soleil ne puisse faire fondre la glace et rendre le passage encore plus dangereux.

Le mont Allen est masqué par des nuages bas. Jusqu'à présent, le brouillard nous a épargnés, mais c'est lui que je crains pour aujourd'hui.

— Garçon ! un « double quaker » !
— On n'est pas sur les Champs-Élysées !
— Il faut se bourrer de sucre et de céréales.
— À part quelques courbatures qui passent avec l'échauffement, nous nous portons plutôt bien. C'est vrai qu'il y a plus d'oxygène ici qu'à Paris, mais c'est normal : d'Escures il y a deux cents ans, le lieutenant Allen il y a un siècle et nous aujourd'hui ; c'est une région que l'on visite tous les cent ans ! Elle n'est guère polluée !
— D'Escures était un officier de marine, Allen un officier de l'armée de terre et nous des amateurs... éclairés.
— Éclairés ou... illuminés !
— Deux lieutenants qui avaient sans doute des points communs et nous... et nous... et nous !
— ... et les Allemands !
La voie que nous prenons est bien meilleure que celle d'hier. Nous atteignons rapidement le même niveau que celui de la veille.
— Regarde qui vient vers nous !
Deux points noirs se profilent sur la glace trois kilomètres plus bas. À la jumelle nous les voyons progresser lentement.
— Ils ne prennent pas de mesures de sécurité. Ils ne paraissent pas encordés.

— Ça ne veut rien dire. Encordés à deux avec une femme, ce n'est peut-être pas une bonne solution. D'ailleurs, le bas du glacier ne présente aucun danger. Cela nous fit accélérer.

— Attention ! On est idiots ; ce n'est pas une course de vitesse avec un poteau d'arrivée.

— On est partis sur le vu du seul manuscrit. Tu vois qu'ils aient trouvé d'autres textes ; qu'ils en sachent davantage, qu'ils découvrent les trésors du chevalier avant nous et repartent avec ! Ils ne nous feront pas de cadeau au passage !

Comme la veille, par cette nouvelle route le rebord du cratère est aussi escarpé. Il faut prévoir et baliser notre chemin. Le temps s'améliore et nous avons passé sans encombre la zone de séracs. Des franges de ciel bleu apparaissent maintenant et si le froid reste vif, la lumière donne un aspect plus engageant au paysage.

Au bout d'un étroit passage, nous nous trouvons sur une plate-forme de neige qui me paraît menaçante. Je fixe un morceau de corde à ma ceinture et l'autre bout sur une broche que je visse dans la glace. Si la neige s'effondre, je ne tomberai que de la longueur de la corde. Je m'avance prudemment et sonde la neige avec mon bâton. À un moment, il me semble qu'il traverse la plaque neigeuse. Je suis sur un pont de neige. Je recule lentement. Il faut passer ailleurs.

Nous redescendons un peu et trouvons une crevasse assez large dont l'autre côté semble pouvoir nous donner un accès au rebord du cratère. Mais il faut sauter, si les pointes avant des crampons ne mordent pas dans la glace, c'est la chute dans la faille. Je pose de nouveau une broche à glace et m'attache à un morceau de corde assez court fixé dessus. En cas d'accident, je n'entraînerai pas mon compagnon et ne chuterai pas profondément. Je saute. Les pointes des crampons se sont enfoncées dans la glace et le bord opposé a tenu. Je me redresse. Je fixe une nouvelle broche sur mon côté avec une corde que je lance à Louis. Il s'amarre et saute à son tour. Nous sommes en sueur tous les deux. Il faudra faire la même manœuvre au retour.

Nous montons sur le rebord du cratère.

Ce que nous voyons nous coupe littéralement le souffle. Nous n'avons jamais vu quelque chose de semblable, ni même imaginé un paysage pareil. Cela ressemble d'ailleurs plus à un monument qui aurait des dimensions inouïes qu'à un paysage naturel. Le cratère fait au moins quatre kilomètres de diamètre. Il est bordé de gigantesques monolithes, sans doute d'anciennes cheminées secondaires dont le basalte a résisté à l'érosion et aux éruptions successives. Légèrement en arrière-plan se dresse la pyramide parfaite du mont Allen. Cela fait penser à l'ensemble mégalithique de

Stonehenge, en Angleterre, mais en cent fois plus grand. Ce qui choque, impressionne et fait peur en même temps, ce sont la régularité et l'harmonie de l'ensemble qui semble à la fois artificiel et inhumain par ses dimensions. À mesure que nous regardons, des détails apparaissent. Le mont Allen est dans l'axe de la vallée ; les monolithes n'ont pas la même forme mais sont placés régulièrement comme pour former un cadran qui aurait quatre kilomètres de diamètre.

— Sacré cadeau que nous a fait le chevalier !

— Voilà pourquoi il parlait de Temps et d'Espace !

— Il y avait déjà des montres dans ce temps-là ?

— Tu n'as pas entendu parler des cadrans solaires ?

— Beaumarchais et Louis XVI, qu'est-ce qu'ils faisaient ? De l'horlogerie ! Mécanismes célestes, le Grand Horloger de l'Univers, tout cela était à la mode au XVIIIe siècle !

— Ce n'est pas seulement une merveille de la nature, mais c'est la première fois que l'on voit quelque chose d'aussi rationnel édifié par ladite nature !

— Je comprends maintenant pourquoi d'Escures a été impressionné. Il y a de quoi !

— Tu te rends compte que s'il y avait du soleil, les monolithes formeraient des pinceaux d'ombre comme les aiguilles d'un cadran ! C'est comme cela que d'Escures a dû voir cette horloge naturelle.

— La position géodésique du mont Allen et ce que l'on a sous les yeux peuvent expliquer « la pyramide qui jalonne le Temps et l'Espace », mais il faut trouver maintenant l'orichalque, l'or et les matières qui font voir le passé et l'avenir.

J'étais impressionné par ce site , mais je n'arrivais pas à faire la liaison avec les métaux et matières dont parlait d'Escures dans son texte. Devant nous, il y avait un vaste cratère rempli de glace disloquée par des failles et des trous, sans fond visible, couvert par endroits de passerelles de neige gelée. Il n'était pas question de descendre là-dedans.

À la jumelle, on ne voyait pas d'entrée de sanctuaire mystérieux ou de grotte ni de passage menant à une porte, une arche ou quoi que ce soit d'insolite.

En face, le mont Allen était une pyramide parfaite à quatre côtés. Le haut de la pyramide était couvert de neige gelée. Il n'y avait aucune aspérité ou point remarquable.

— On ne voit rien de spécial dans le chaos du cratère. Quant à la pyramide, elle est du genre hermétique.

— On va peut-être voir jaillir une fusée de la glace ou le périscope d'un sous-marin des neiges !

— Je ne crois pas trop aux Martiens dans ce paysage. Encore qu'il serait parfaitement choisi pour une « rencontre du troisième type » comme dans le film.

— Il faut réfléchir pour une fois de façon intelligente, ce qui nous changera. C'est dans les livres d'aventures et au cinéma que l'on trouve un sanctuaire défendu par un dragon ou une grotte aux trésors. La réalité, c'est autre chose. S'il y avait une cache, d'Escures l'aurait décrite. On doit trouver ce qu'il dit de façon naturelle, simple, un peu comme la plaque lumineuse sur la montagne.

— L'accès au mont Allen par le rebord du cratère ne paraît pas évident : par la droite, la glace le recouvre sur un bon kilomètre, on dirait, et il y a des crevasses ; par la gauche, il y a un monolithe et une falaise.

Nous essayons de passer par la gauche. Au pied du monolithe, il nous faut renoncer. La colonne de basalte se dresse au milieu d'un entonnoir d'une trentaine de mètres. Nous n'avons pas assez de corde. Nous revenons vers la droite, mais c'est le même réseau de crevasses que dans le cratère et le haut du glacier.

— Du temps de d'Escures, il devait y avoir davantage de neige et de glace. Il est peut-être passé sans encombre.

— On a des jumelles et on ne voit rien de particulier. Le chevalier ne parle jamais de glace et cela m'intrigue.

— S'il n'y avait pas de glace, c'est de l'eau qu'il y

aurait dans le cratère, et ses rebords sont abrupts. Ce ne serait pas mieux.

— Il faut donc chercher autrement.

Nous ne pouvons pas aller plus loin. Nous prenons des photos. Nous sommes quand même un peu sonnés par ce monument colossal, inconnu jusqu'à présent. Nous comprenons ce qu'a pu ressentir d'Escures en découvrant ce qu'aucun être humain n'avait vu avant lui.

— Et les Allemands ? Ils ont peut-être une piste ?

Nous les avions complètement oubliés !

— Passant par la voie directe, ils doivent être bloqués, comme nous hier, au même endroit. Ils peuvent peut-être nous voir, mais pas ce que nous voyons.

— En tout cas, on ne les voit pas !

— Il n'est pas tard. Je propose que l'on redescende pour essayer de passer encore plus à gauche et éviter le monolithe. On remontera sur le bord du cratère au-delà de l'obstacle. Au passage, on verra ce que font nos Allemands.

Il va falloir de nouveau sauter par-dessus la faille et zigzaguer parmi les autres crevasses sans être sûrs de pouvoir remonter plus loin sur le cratère. Pour moi, la découverte de ce site me suffit amplement. Je ne crois pas trop aux objets et métaux mystérieux.

Nous retrouvons leurs traces en descendant. Elles obliquent vers le nord, avant l'endroit où, la veille, nous avions été obligés de rebrousser chemin. Ils ont dû longer la falaise abrupte et dangereuse de la moraine latérale. De gros blocs de glace dominent ce passage. Il était normal qu'on ne puisse pas les voir.

— Si on tombe dessus, on va avoir l'air de les suivre ! Qu'est-ce qu'on leur dira ?

— Qu'on les avait perdus de vue... et que l'on se portait à leur secours... comme il se doit en montagne ou sur la mer.

— Comme s'ils avaient besoin de nous... !

Malgré nos crampons qui rendent notre marche un peu saccadée, nous allons vite. Nous craignons qu'ils aient trouvé mieux que nous. En savent-ils plus que nous, d'ailleurs ? C'est la question qui maintenant travaille notre esprit.

Vers le bord du glacier, le long de la moraine latérale, la glace est disloquée : des creux, des entonnoirs, des gouffres obligent, comme en haut, à se faufiler entre les obstacles.

Nous tombons tout à coup sur une forme humaine accroupie sur la glace. C'est l'Allemande. Elle est immobile, figée. Elle ne montre aucune surprise à notre arrivée.

Elle nous dit, dans un français sans accent :

— Mon mari est tombé... là.

16

Nous nous approchons. Il y a un trou dans la neige, pas très large, mais un torrent roule en dessous à trois mètres environ. Il a entraîné l'homme dans la profondeur du glacier. Cela paraît presque irréel. Il va ressortir, on va le retrouver. C'est un incident, ce ne peut pas être un accident. Nous retrouvons immédiatement des sentiments humains de sollicitude et oublions sur-le-champ qu'il a été notre concurrent et notre adversaire.

Nous courons pour voir si le torrent ne débouche pas à l'air libre quelque part... nous nous agitons, pour faire quelque chose, pour agir, pour réduire la tension. Il est trop dangereux de tenter de descendre. Nous lançons une corde lestée avec un bâton de randonnée. Elle est happée par le torrent et nous avons du mal à le remonter. Nous écoutons, mais le bruit de l'eau couvre tout. Nous appelons, mais il n'y a pas de réponse.

La femme a compris avant nous. Il n'y a aucune chance de le retrouver. Son mari est mort. Nous sommes maintenant tous les trois dans un état second. Les mots « accident », « tragédie » ou « drame » n'existent que dans les journaux et les livres. Ici, en pleine nature, cela a quelque chose à la fois de prévisible et d'accepté, et en même temps d'incroyable et d'injuste. Tout a basculé en un instant d'inattention. Il est mort, mais c'est encore inimaginable.

Cela nous renvoyait à notre propre fragilité. Cette aventure prenait une drôle de tournure. Nous ne pourrions plus la raconter de la même manière.

Il est probable que, par un réseau complexe et souterrain, le torrent vienne grossir la rivière qui débouche deux kilomètres plus bas sous la langue du glacier. On pourrait y aller voir. Nous sommes totalement impuissants. Il faut se résoudre à partir ; le lui dire, l'emmener, elle, et le laisser, lui. Il faut lui dire qu'il a disparu et qu'elle doit continuer à vivre...

Ils étaient partis avec leurs crampons, mais devant la facilité du glacier, ils ne les avaient pas chaussés. Au moment où il aurait fallu les mettre, ils avaient continué. Il avait glissé au bord de ce creux pas très profond, mais dessous, bien pire qu'une crevasse, il avait été happé dans un « moulin », ces couloirs lisses comme une piste de bobsleigh et qui peuvent être alternativement

horizontaux ou verticaux. Il fallait accepter l'évidence, il ne reviendrait pas. Le glacier rendrait son corps dans quelques centaines ou quelques milliers d'années...
Les heures ont passées très vite et nous sommes redescendus, machinalement, sans un mot, jusqu'à leur camp. Nous avons fait le dîner et dormi dans leur tente qui était plus près et plus vaste que la nôtre. Nous n'osions pas regarder la femme de l'Allemand. Elle s'appelait Gudrun.
Dans la nuit, je me suis réveillé. Elle était assise au bord de la tente et fumait en silence. Ses cheveux blancs et blonds ne permettaient pas de lui donner un âge. Elle était intemporelle. Une force obscure semblait l'habiter et la mettre à l'écart de tout. Son chagrin était rentré, intérieur. Il y avait en elle une assurance et une réserve très « aristocratiques ». Je n'ai pas été surpris d'apprendre par l'étiquette d'un des sacs que l'Allemand devait appartenir à la noblesse, et s'appelait Manfred von Axelburg. J'ai alors compris la sorte de distinction qui émanait d'elle. Je me sentais solidaire de sa détresse muette derrière sa dignité. Je ne savais pas comment le dire.

Le lendemain fut un jour sans nuage. Le ciel avait ce bleu très pâle que l'on ne trouve que dans les régions arctiques. Il fallait retourner sur le glacier, repartir à la recherche de l'Allemand, bien que nous n'ayons aucun espoir. De toute façon, l'hélicoptère ne revenait que dans trois jours et notre hydravion encore plus tard. Entre-temps, nous n'avions aucun moyen de communication. Les téléphones portables, tellement à la mode de nos jours, ne fonctionnent pas ici ; il faudrait passer par les satellites, mais cela nécessite un matériel très lourd et coûteux. Quant à la radio, il n'y a pas de relais pour passer les montagnes. La seule solution est d'envoyer, avec une radio légère, un SOS sur les fréquences d'urgence que les avions ont branchées en permanence. Mais il ne passe jamais d'avion dans cette région.

En route, Gudrun nous confirma qu'ils avaient, par curiosité, repris le texte que nous avions découvert si bruyamment. Ils n'avaient pas eu de difficulté pour situer au mont Allen la fin du parcours du chevalier. Le changement de route qu'il avait fait pour venir jusqu'ici pouvait s'expliquer tout simplement parce que le mont Allen était le point culminant de la région et, à ce titre, considéré comme sacré par les Indiens Athabascans que d'Escures avait rencontrés. Des légendes pouvaient y avoir pris naissance, comme cela existe à propos de tous les points remarquables dans le monde : Olympe, Fuji-Yama, mont Nebo, etc.

Peut-être aussi que des cartes plus exactes lui avaient

été montrées par les Indiens. Il avait vu ainsi que l'Atlantique était encore à une distance cinq ou six fois supérieure à celle qu'il venait de parcourir.

Cela nous parut bien plus simple et bien plus sensé que nos élucubrations... Ce qui les avait décidés à partir, ce n'est pas tant la découverte du chevalier, mais une autre coïncidence qui avait semblé au Freiherr von Axelburg un signe du destin. Il existait un lointain lien de parenté entre lui et le chevalier d'Escures. Sa recherche était aussi légitime que la nôtre.

Louis était resté silencieux :

— En ce qui concerne la carte de l'Amérique septentrionale et le passage Nord-Ouest, votre hypothèse me paraît fondée. Les Indiens avaient sans doute une meilleure connaissance de la topographie et des distances qu'on peut le croire. Le problème est de se comprendre. Dans le monde, le nombre de langues écrites est infime par rapport aux langues qui sont uniquement parlées. En revanche, tous les humains dessinent. Les tapis des Indiens navajos, dont tout le monde admire les dessins, ne sont rien d'autres que des récits d'événements historiques relatés par des motifs et des couleurs conventionnels. Le tapis est une langue.

— Cette histoire me rappelle celle de ce cartographe turc qui, au XVIe siècle, avait recopié une vieille carte reproduisant avec précision et exactitude la côte de l'Antarctique, alors que ce continent était encore inconnu et que son relief est toujours couvert de glace. Ce n'est que de nos jours que l'on a pu vérifier avec des moyens très sophistiqués que le relief sous la glace correspondait bien à la carte du XVIe siècle...

Nous sommes restés quelque temps à la sortie de la rivière sous la glace. Le froid était intense. Nous n'espérions guère voir le glacier rendre le corps du Herr Doktor Manfred, Freiherr von Axelburg. La nature semblait indifférente et inhumaine. L'eau glacée continuait de sortir en irradiant des ondes de froid ; c'était un lieu de mort.

À un moment, Gudrun s'est détournée pour pleurer silencieusement. Nous n'avons pas osé la réconforter. Puis elle est revenue et nous sommes montés sur le glacier.

D'Escures était-il réellement venu jusqu'ici ? Était-il monté jusqu'en haut du glacier ? Et surtout, où avait-il trouvé ce dont il parle ?

— La glace conserve et restitue ce qu'elle a englouti. Tu te souviens de l'histoire de ce guide de Chamonix qui a retrouvé son père mort en montagne ? Il était tombé dans une crevasse et le glacier l'avait conservé intact. Lors de sa découverte macabre, le fils était plus âgé que le père au moment de sa mort. Le fils voyait le visage de son père lorsqu'il était plus jeune que lui !

— Il y a aussi ces histoires de montagnards recherchant les objets que restituent les glaciers plusieurs années ou plusieurs siècles après.
— Il n'y a pas très longtemps, on a trouvé aussi à la frontière entre l'Autriche et l'Italie un homme vieux de 4 000 ans, avec ses vêtements et ses armes. L'affaire a fait grand bruit.
— En ce qui concerne le passé, il y a peut-être quelque chose de semblable dans les découvertes du chevalier. On devrait regarder un peu plus par terre.
Nous étions repartis dans nos discussions en oubliant Gudrun qui nous suivait un peu en arrière. Nous voulions au moins remonter jusqu'au bord du cratère pour lui faire découvrir tout le site, et si possible progresser vers la pyramide.
Nous nous sommes arrêtés pour nous reposer et nous encorder. Elle vint vers nous d'un air un peu absent. Elle portait dans une main une sorte d'éventail noir et parut surprise que nous lui demandions ce que c'était :
— Je ne sais pas. J'ai ramassé cela machinalement en montant.
— Cela ressemble à une aile de corbeau momifié.
— C'est plus grand qu'une aile de corbeau.
— Peut-être une oie sauvage, je ne savais pas qu'il y en avait de race noire.
— Celle-là a dû séjourner dans la glace.

— Cela rejoint ce que l'on vient de dire. La solution des mystères du mont Allen est peut-être à nos pieds. Nous nous sommes interrompus par respect pour Gudrun. Cet objet noir symbolisait la mort. Nous n'étions pas obnubilés par notre recherche au point d'oublier qu'il y avait eu cette disparition soudaine.
Ce fut elle qui reprit la parole.
— Manfred a eu la mort qu'il voulait: loin de tout, hors de son lit et sur le chemin de sa recherche. Il faut continuer pour lui rendre hommage. C'est cela qu'il aurait voulu.
Nous avons eu un brusque sentiment de sympathie pour elle ; j'avais maintenant un peu honte de la méfiance et de l'hostilité que j'avais éprouvées envers eux. Manfred était la caution de notre poursuite.
— Il y a deux siècles, le cratère était déjà sans doute couvert de glace. Elle était probablement plus épaisse et l'on pouvait passer plus facilement.
— On a de bonnes jumelles et on a vu qu'il n'y a rien de particulier en face. Mais, il y a peut-être eu des éruptions volcaniques après d'Escures. Tout cela est instable. Il n'y a jamais eu quelque chose de permanent ici.
Le passage derrière le monolithe était impraticable. Nous sommes remontés au bord du cratère par le chemin de la veille.
— Si l'on résume, on a quand même vérifié que le mont Allen est un jalon de l'Espace, que le passage

Nord-Ouest s'avère impossible, il reste à trouver les témoins du passé et de l'avenir. Pour le passé, il s'agit certainement de choses que restitue le glacier et non d'une caverne aux trésors dont l'accès aurait été depuis longtemps détruit ou englouti dans cet univers de feu et de glace. Quant à l'avenir… l'avenir nous le dira, si nous procédons méthodiquement !

— D'Escures n'avait pas de carte pour affirmer comme nous que le mont Allen est un point géodésique remarquable et que le passage Nord-Ouest n'existait pas.

— Nous sommes en gros sur un château d'eau, mais la ligne de partage des eaux entre Atlantique et Pacifique est plus au nord. C'est là qu'il faut être pour affirmer que le passage Nord-Ouest n'existe pas. D'Escures a eu accès à autre chose pour le savoir.

— À nous de le trouver. Nous n'avons pas beaucoup de temps, mais on doit cela à notre ami allemand.

Ce mot me parut un peu bizarre, il m'avait échappé et, à la réflexion, je n'avais pas à le regretter.

17

Où CHERCHER ? Que chercher ? Le manuscrit ne donnait aucune indication.
Nous contemplons encore cette pyramide surmontant le cercle du cratère et les monolithes irréguliers mais harmonieux dans cet ensemble.
— Un triangle et un cercle peuvent former un dessin symbolique. Est-ce que dans l'histoire ces deux figures combinées vous rappellent une clé, un signe, un modèle, une figure ? Pythagore, les gnostiques, les francs-maçons, l'Égypte, la Grèce ou les Mayas utilisaient-ils ce genre de symbole ?
Je compte sur les connaissances de Louis pour chercher une piste, mais c'est Gudrun qui répond :
— Un triangle équilatéral s'inscrivant dans un cercle est un symbole de perfection. Mais ici le triangle est plus petit que le cercle et il s'agit de volume : une pyramide et un cylindre.

— L'ensemble est plus que parfait, il est harmonieux.
C'est Louis qui, pour une fois, nous ramène à des considérations plus réalistes :
— On devrait ratisser le sol pour vérifier la piste de la restitution par le glacier. On peut aussi regarder dans les failles. Mais pour chercher plus efficacement, on devrait se séparer.
— On reste à vue, et on ne s'approche pas des failles ! Sur les bords, près de la moraine, on a plus de chances de trouver quelque chose...
Gudrun est partie vers la moraine latérale, Louis est descendu plus au sud. Je reste sur le haut du glacier.
Cette chasse est un peu aléatoire, mais tout ce qui n'est pas neige ou lave devrait attirer le regard. Je retourne au bord du cratère. D'en haut, je vois les petites silhouettes de mes compagnons dans l'immensité. Je me sens responsable d'eux. Je ne serai plus jamais comme avant. Je continuerai sans doute mon métier de comptable, mais j'ai trouvé ma véritable nature. Je suis fait pour les grands espaces, pour le souffle du vent et la précarité de l'aventure. Je fais partie des voyageurs « au regard différent ».
Ce paysage fait de puissance sauvage est une sorte de parcours initiatique. Il a fallu le gagner à partir de Cooper Pass et des limites du monde connu. Le confluent du temps, croisement du souvenir et de l'espérance,

se superpose ici à ce pivot de l'espace qu'est le mont Allen. Même si l'on ne trouvait pas d'autres indices de la découverte de d'Escures, j'avais trouvé ici bien davantage.

Soudain, dans la glace au bord du cratère, j'ai vu l'impensable. Il m'a fallu quelques instants pour m'assurer que je ne rêvais pas, que je n'étais pas l'objet d'une hallucination. Là, près du bord, dans la glace, à environ deux mètres de profondeur, apparaissait le bord arrondi d'une sorte de caisson. Il était fait d'un métal jaune pâle qui diffusait une lumière sourde... et il paraissait se déplacer lentement vers le centre du cratère!

J'étais pétrifié. Puis j'ai voulu appeler les autres, mais Gudrun était loin, presque aux rochers de la moraine. Quant à Louis, il avait disparu !

Je regardai de nouveau ce mystérieux véhicule. À son tour, il s'estompait dans les profondeurs.

J'ai repris mes esprits. L'absence de Louis m'inquiétait. Je fis rapidement un cairn en empilant quelques morceaux de glace et suis revenu en arrière. En restant seul dans ce secteur, j'avais pris des risques et, en acceptant que nous nous séparions, je les avais multipliés.

Je redescends prudemment. Comment leur annoncer ce que j'ai vu ? Vont-ils me croire ?

J'appelle plusieurs fois. Enfin Gudrun voit mes signes et vient lentement à ma rencontre.

— Où est Louis ?

— Il est revenu vers le bord du glacier. Il a dû descendre sur la moraine. Il y a un passage pas trop difficile.

— J'ai vu une chose bizarre enfouie sous la glace dans le cratère, mais il faut d'abord retrouver Louis.

Nous l'appelons sans succès. Nous allons vers le passage qu'il semble avoir emprunté. Toujours pas de trace. Il faut retrouver Louis. Cela compte plus que ma découverte. Nous descendons sur la moraine. Tout à coup, nous le découvrons assis sur un rocher. Il paraît choqué, un peu de sang coule de son front. Il a du mal à parler.

— J'étais dans un tunnel de glace, je me suis baissé pour ramasser quelque chose de curieux. En me redressant, j'ai dû heurter une pointe de glace. Ce... n'est pas grave mais il faut retrouver ce que j'ai vu...
Je suis soulagé mais n'en laisse rien paraître.
— Moi aussi j'ai trouvé quelque chose là-haut, une sorte de caisson doré et luminescent comme la tache de la montagne au-dessus de nous, mais dans la glace et inaccessible.
— Moi, c'est plus modeste. C'est une sorte de cube de caoutchouc dont la présence paraît inappropriée en ces lieux. Cet incident est fâcheux... perdre en même temps la boule et le cube !
Louis avait retrouvé tous ses esprits.
— On a besoin de lampes électriques ?
— Non, la glace est translucide. C'est ici...
Nous avançons dans un chaos de roches le long de la falaise de glace. Louis a repéré un trou relativement modeste au pied de la muraille. C'était, en fait, la sortie d'un tunnel naturel. Une rivière devait, par le passé, déboucher par cet orifice. Nous entrons dans ce couloir gelé. Le froid humide nous saisit malgré nos casquettes et nos équipements. Il faut avancer en courbant la tête. Nous sommes sur le sol du fond de la vallée. Le glacier est au-dessus de nous. On entend au loin le bruit d'un torrent dans les profondeurs de la

glace. Une lumière glauque baigne le passage et semble plus claire devant nous.

— C'est de là-bas que vient le jour. Sans doute le fond d'une crevasse.

— Qu'est-ce que tu as pu dénicher dans un endroit pareil ?

Le sol est un mélange de pierres, de glace ruisselante, de cendre volcanique.

— À peu près par ici ; une sorte de cube régulier... Quand je me suis cogné, j'ai vu trente-six chandelles. Je n'ai eu que le réflexe de sortir.

— Tu es sûr que c'est avant et non après t'être cogné que tu as vu ton bout de caoutchouc ?

Tout cela me paraît complètement farfelu.

— Je l'avais en main... D'ailleurs le voilà.

Il me tend un morceau rectangulaire d'une matière noirâtre ni souple ni dure, qui a effectivement la consistance d'un bloc de caoutchouc ou de plastique. Dans la pénombre, cela ressemble à ces plots qui servent d'amortisseurs ou de cales dans l'industrie.

— On verra dehors ce que c'est. Mais on regarde d'abord s'il n'y a pas autre chose par ici.

Nous arrêtons vite les recherches, car le froid est intense et le boyau exigu. Nous sommes aussi curieux de voir au jour ce qu'est cette chose. Il n'y a aucune raison de trouver un objet manufacturé sous cette masse de glace. Nous avons hâte de vérifier. Il peut s'agir d'une pièce qui s'est détachée d'un avion ; tombée dans une crevasse du glacier, elle aura été entraînée jusqu'ici par une rivière souterraine. Une telle probabilité paraît toutefois invraisemblable.

Revenus au jour, nous nous penchons sur la « découverte ». Cela ressemble bien à du caoutchouc découpé en forme de parallélépipède rectangle de 20 X 15 centimètres et de 5 centimètres d'épaisseur. L'objet est vaguement translucide.

— Ce truc n'est pas venu ici tout seul.

Bien que je n'y croie guère, j'expose ma théorie d'une pièce détachée d'un avion.

— Il y a longtemps que la rivière n'existe plus dans ce boyau. À la sortie, on ne voit même plus son lit dans les rochers ! Ton avion a dû passer il y a trois cents ans !

Gudrun a pris l'objet à son tour :

— C'est plus dense que du caoutchouc. On aura l'explication en faisant l'analyse chimique... Mais il me semble qu'il y a des dessins dessus !

Nous regardons l'objet au soleil, puis par transparence, et là il nous semble que quelque chose remue à l'intérieur.

— Il faut une lumière forte... il y a des torches électriques dans la tente.

— On a peut être trop d'imagination. En attendant, retournons voir le caisson dans le cratère; et regardons sur le sol!

Nous sommes revenus au bord du cratère. J'ai retrouvé facilement le cairn que j'avais érigé, mais la forme luminescente dans la glace avait presque disparu. On ne voyait plus qu'une sorte de lueur dorée qui maintenant paraissait immobile.

— C'était là, plus près, et cela avait l'air de bouger. Je n'ai pas rêvé!

— Pour le moment cela ressemble au même produit qui éclaire la montagne. Gudrun, n'avez-vous pas une idée sur ce phénomène?

— Manfred pensait comme vous à une sorte d'alliage d'or et de phosphore qui brillerait à la lumière. La comparaison avec l'orichalque de l'Atlantide est judicieuse.

— De mémoire, le phosphore fond à très basse température et c'est un poison violent. Après traitement et alliage, il a peut-être la propriété de faire fondre la glace à son contact.

— Ce qui expliquerait ton sous-marin des glaces!

Louis n'est pas convaincu. Gudrun nous appelle:

— Regardez! Voici encore une autre chose!

Dans une rainure de glace, amorce ou fin d'une crevasse, il y a un objet ovale, enchâssé dans le fond de la rigole. Nous le dégageons avec difficulté. C'est une sorte de boîtier de 10 centimètres de long et d'environ 3 centimètres d'épaisseur, de forme ovoïde, muni d'un voyant vitré. Derrière le vitrage, il y a un tube horizontal avec des cristaux liquides noirs. Au dos une mention :

Ellis and Nelson
A 2028
Evanston, Ill.

Nous n'étions pas les premiers à venir ici. Les extra-terrestres non plus. Evanston existe bien. C'est une ville de l'Illinois, aux États-Unis. Nous sommes bien sur terre et de notre temps.

18

JE SUIS DÉÇU. À vrai dire, nous le sommes tous. Le site du mont Allen est étrange et tient du prodige, mais tout le reste est sans doute normal. Ce que nous prenons pour de l'orichalque – le mot lui-même fait rêver – a probablement une explication. Le caisson qui s'enfonce dans la glace est peut-être une hallucination. En tout cas, le bloc de caoutchouc et le compteur sont bien de notre temps. Il ne faut pas espérer trouver un sanctuaire regorgeant de richesses, comme dans les films et les contes.

Manfred est mort pour « rien ». Gudrun est silencieuse comme d'habitude. Louis lui-même ne trouve pas de commentaire approprié. Je dois soutenir le moral des troupes :

— Le manuscrit date de septembre 1792. Jusqu'à nouvel ordre, il est authentique et jusqu'à présent il s'est révélé exact. Si ce que d'Escures a trouvé ici au XVIIIe

siècle n'existe plus, la montagne et le cratère sont toujours là. Si nous ne sommes pas les premiers à les voir, jamais personne n'en a parlé.

— Croyez-vous qu'il soit nécessaire d'en informer le monde ? Manfred disait que le luxe est quelque chose de caché et de personnel. C'est une marque de respect que l'on s'attribue à soi-même. C'est se traiter soi-même avec dignité. Ce n'est pas un caractère des aristocrates, mais de ceux qui sont nobles. Si on affiche le luxe, disait-il, c'est de l'ostentation. On montre simplement que l'on est « sans noblesse » c'est-à-dire « snob ». Cette expédition, il la faisait pour lui, pour trouver quelque chose de rare qu'il s'offrait à lui et non aux autres. Il était noble. Cette découverte, il faut la garder pour nous. On ne va pas en parler au pilote ni à personne.

Gudrun nous avait impressionnés. Nous avions sans doute le même âge, mais sa plénitude et sa maturité me donnaient l'impression de n'être qu'un adolescent pas encore installé dans la vie. L'adolescence, je la tiens pourtant pour le moment le plus important de la vie. On n'est plus enfant et on n'est pas encore adulte, avec les contraintes et le sérieux de l'existence. Il faut donc en profiter, y demeurer le plus longtemps possible, car c'est la période la plus dense et la plus vraie de toute la vie. C'est aussi celle où l'on prend des orientations qui demeureront toujours.

— Il est tard, il faut retourner vers la tente.

— Cela ne nous dispense pas de chercher à nouveau. On le doit bien à d'Escures.

— Et à Manfred !

Nous n'avons rien trouvé de nouveau et sommes retournés au camp. La disparition de Manfred nous hanta tous les trois. Nous n'avions plus le même élan. C'est pour lui maintenant que l'on continuait à chercher, plus que pour nous. Notre rêve s'achevait sur un réveil aux réalités humaines. Nous appréhendions le surlendemain, jour où l'hélicoptère devait revenir. Il allait falloir expliquer l'accident. Il y aurait sans doute une enquête, des formalités, des interrogatoires...

— Prodigieux... !

Depuis un moment, Louis examine le bloc qu'il a découvert sous le glacier. Il se précipite sur une torche électrique. Il éclaire l'objet par-derrière en concentrant le faisceau.

— Venez voir... Ça bouge à l'intérieur !

Une masse indistincte semble effectivement remuer...

— On croirait un paysage qui défile, vu d'un train ou d'un avion !

— On reconnaît le mont Allen et le cratère !

— Qu'est-ce qu'il y a à l'intérieur ? Ce n'est pas de la glace !

— Il faudrait une lumière plus puissante !

On voit maintenant des formes indistinctes se déplaçant dans une végétation luxuriante agitée par le vent...

— Ça ressemble à des fougères géantes...

— On croirait un paysage tropical, avec des fougères et une sorte de bananier. Il y a du vent. Mais en arrière, c'est bien le mont Allen !

— Les bords du cratère sont plus hauts et il n'y a pas de monolithes...

— Regardez ! Ça bouge encore !

Cette fois, un énorme oiseau passe dans le ciel ; une sorte de cigogne.

— Oh non ! ce n'est pas possible ! C'est un oiseau préhistorique ! Cette photographie animée montre un monde disparu depuis... des millénaires !

Malgré la puissance de la torche électrique, la lumière passe difficilement. Il semble que ce soit la lumière qui anime le paysage. Il faut changer souvent l'orientation du faisceau pour que la « chose » s'illumine de nouveau.

— Il faut un autre système d'éclairage ; peut-être des éclairs successifs de lumière.

Le bloc devient progressivement opaque.

— On l'a peut-être abîmé avec la lumière de la torche !

— On verra cela à Paris.

— Ou à Munich !

— Ce doit être un multicouche avec un système stroboscopique en phase avec la période d'une onde lumineuse particulière. C'est bien plus avancé qu'un film que l'on déroule ou une image que l'on reconstitue à partir d'un disque.

— En tout cas, d'Escures ne nous a pas trompés. On a vu une scène qui s'est déroulée il y a des millions d'années. C'est sans doute cela qu'il voulait dire quand il écrit que l'on trouvera des matières reflétant le passé et l'avenir.

— Il voulait dire le passé avec des techniques d'avenir !

— Vous voyez le retentissement quand on va ramener cela.

— On ne nous croira pas !

— Peut-être que cela vaudrait mieux... Vous imaginez la ruée des journalistes et autres savants dans cette vallée !

Cette nuit-là encore, nous n'avons pas beaucoup dormi. Demain arriveraient l'hélicoptère et les formalités. Entre-temps, nous avions des décisions à prendre. D'Escures n'avait pas menti, mais ces découvertes avaient été faites totalement par hasard. Y avait-il d'autres choses à trouver ? Probablement. D'Escures restait très vague sur ses propres découvertes. Le caoutchouc n'était pas manufacturé à son époque, quant au métal luminescent, à notre connaissance, il n'existe pas encore à la nôtre. Ses descriptions et sa comparaison avec l'orichalque n'étaient pas si mauvaises. Nous avions fait à peu près les mêmes découvertes que lui. Dès lors, il devait y avoir ces étranges matières un peu partout autour du mont Allen.

Un autre problème se posait : fallait-il parler ou bien se taire sur les particularités naturelles du mont Allen ? La décision appartenait à Gudrun. Voulait-elle voir saluer la mémoire de son mari ou bien garder secrète cette découverte comme d'Escures, son lointain parent, l'avait fait ? Le site du mont Allen se trouvait dans le périmètre du « patrimoine de l'humanité », mais ceux qui l'avaient décidé à l'UNESCO n'étaient jamais venus sur place et ignoraient qu'un monument si prodigieux se trouvait là. Le destin avait voulu qu'inconsciemment ils en interdisent l'accès...

C'était Louis qui avait découvert le bloc mystérieux que nous ramenions. Connaissant sa curiosité naturelle, il chercherait à en connaître le fonctionnement, mais je savais par ailleurs qu'il ne tenait pas du tout à devenir une vedette médiatique...

Quant au compteur que Gudrun avait trouvé, avec le nom de la firme et l'adresse, on saurait vite à quoi il servait.

Dans tous les cas, c'était à Louis et Gudrun de décider.

Un nouveau matin gris se leva. Les nuages cachaient une fois encore la montagne.

— L'hélicoptère va avoir des difficultés pour venir, déclara Louis en préparant le breakfast.

— Que décide-t-on pour le site et les objets ?

Louis fut catégorique :

— Le film statique, appelons-le comme cela bien que ce soit un contresens, doit revenir à Gudrun. Nous garderons l'aile de corbeau, si Gudrun est d'accord. Le compteur n'a pas présenté d'autre intérêt que de nous ramener sur terre. Quant au site, en mémoire du chevalier d'Escures et de son parent qui avaient tous les deux le sens du vrai luxe et de sa noblesse, je propose... qu'on la boucle !

19

Les jours qui ont suivi ne m'ont pas laissé de souvenirs marquants. Malgré les circonstances dramatiques, le retour à la civilisation s'est fait normalement. Le pilote n'a pas manifesté de curiosité. Ancien du Vietnam et vétéran de l'US Air Force, il a fait preuve de cette courtoisie un peu affectée des militaires américains. Pour lui et les autorités, nous étions des Européens, c'est-à-dire des gens un peu étranges qui n'étaient pas américains. Aucun secours n'était plus possible, les formalités ont été plus simples que je ne le pensais.

Gudrun est rentrée avec l'hélicoptère. Elle a traité directement avec les « National Guards » à Glennallen et le consulat d'Allemagne à Anchorage.

Nous sommes revenus avec le Super Cub de Tom depuis Blue Lake. La nouvelle de l'accident était déjà connue dans la vallée de la Nabesna. On nous fit des condoléances cérémonieuses comme si on était de la famille.

Nous sommes revenus en France.
À mesure que nous avons repris nos activités, il nous a semblé que l'imagination avait joué un rôle considérable dans notre expédition. Gudrun avait conservé l'étrange morceau de caoutchouc dont l'opacité et le mystère symbolisaient toute cette histoire. Nous craignions l'avoir détérioré avec la lampe électrique. Gudrun l'avait conservé et ne nous avait pas écrit. Elle voulait peut-être oublier toute cette affaire. On ne pouvait pas le lui reprocher.
Nous avons voulu savoir à quoi pouvait servir le compteur que nous avions ramené. Avec un instrument aussi simple, notre secret ne risquait pas d'être découvert. Nous avons interrogé des amis ingénieurs et avons eu droit à des réponses variées : magnétomètre, compteur de radiations, thermomètre pour de très hautes températures, instrument de météorologie... En revanche, tous nous ont signalé une particularité à laquelle nous n'avions pas fait attention : le verre avait été serti avec une très grande précision. L'appareil devait être conçu pour résister à de très fortes pressions. Certains nous ont indiqué qu'il n'y avait pas de borne d'entrée ou de sortie, ce qui leur semblait bizarre.

Personne n'a eu la curiosité d'aller plus avant...
Nous avons recherché au consulat des États-Unis, puis sur les listes téléphoniques la firme Ellis and Nelson à Evanston dans l'Illinois. Nous n'avons rien trouvé, bien qu'il y eût de nombreux Ellis et de nombreux Nelson. La firme avait peut-être disparu.
Nous étions à la fois déçus et soulagés.
Puis, nous avons reçu une lettre de Gudrun. Elle avait fait discrètement analyser l'étrange morceau de caoutchouc. C'était un multicouche comme on en utilise dans l'industrie aéronautique, mais dont la structure était beaucoup plus complexe. La matière était composée de strates de grosses molécules disposées régulièrement. Cela avait surpris les chercheurs, mais ils n'avaient remarqué aucune vue, aucun message, aucun dessin sous des éclairages en lumière rasante, ou par faisceau laser, ni en conditions normales, ni sous un champ magnétique intense. Le carré magique s'était éteint définitivement.
En raison de l'extrême variété des processus de fabrication des matières plastiques, il n'était pas possible de désigner un fabricant pour ce multicouche. Il s'agissait sans doute d'un procédé nouveau et intéressant mais non encore commercialisé... Dans sa sécheresse scientifique, ce rapport d'analyse ne nous laissait pas d'espoir tout en préservant nos illusions...

Puis le temps a passé. Les pluies d'hiver se sont succédé dans le ciel gris de Paris. Cela dura encore plusieurs mois...

République Française
Ministère de l'Éducation nationale
Direction de la Recherche scientifique

Muséum national d'Histoire naturelle
57, rue Cuvier
75005 Paris
Laboratoire de Paléontologie

Monsieur,

Nos collègues du laboratoire d'ornithologie nous ont transmis le fragment d'aile d'oiseau que vous leur aviez envoyé à fin d'identification.

En effet, contrairement à ce que vous supposez, il ne s'agit pas de corbeau, de freux ou d'oie, mais, selon toute vraisemblance, d'un fragment appartenant à une espèce disparue depuis la fin du jurassique : l'archéoptéryx.

On ne connaît que six fossiles au monde de cette espèce, aussi vous comprendrez que nous sommes vivement intéressés de connaître les lieux et circonstances de votre découverte.

Nous avons conservé votre envoi dans des conditions de température et d'atmosphère les plus aptes à sa préservation. Nous apprécierions beaucoup que vous acceptiez de nous en faire un prêt de longue durée.

Dans cette attente, nous vous prions de croire, Monsieur, en notre considération très distinguée.

J.H. Ellis and Associates
Research and Mesures Laboratories
1054 East 27 th Street
23512 Evanston
Ill. (USA)

Dear Sirs,

(Traduction)

Merci pour votre envoi qui a causé beaucoup d'étonnement et de discussions dans notre société.

J.H. Ellis and Associates est une jeune société créée par d'anciens étudiants du département de physique de Northampton University pour la fabrication d'instruments de laboratoire et de recherche. Nous en avions assez des conditions commerciales et des prix de l'unique fournisseur dans notre branche d'activité, la toute puissante firme Nelson !

Nous sommes encore peu nombreux dans notre société mais notre objectif, tenu jusqu'à présent, est de sortir un appareil nouveau chaque année et, pour le désigner, nous prenons simplement le chiffre de l'année de sa sortie.

Vous comprendrez alors notre étonnement de nous voir associés à notre concurrent en l'an 2028 ! Heureusement, nous avons calculé que nous serions tous en retraite cette année-là !

Plus sérieusement, la fusion verre-métal réalisée sur

l'instrument que vous nous avez envoyé est stupéfiante. Il semble que l'on ait affaire à un capteur dont la protection métallique aurait été rendue transparente dans sa partie supérieure. Il s'agit là d'une technologie très avancée.
Nous sommes fournisseurs de la NASA, mais aucun de nos interlocuteurs dans cet organisme n'a pu nous dire à quoi pouvait servir cet appareil.
Nous vous le retournons par Fed Ex. Merci encore de nous avoir interrogés. Nous sommes désolés de n'avoir pu vous répondre.

Diplômé d'école de commerce et docteur en droit, **Alain Adde** a longtemps travaillé dans de grandes entreprises ; il se consacre aujourd'hui à deux passions, la randonnée et l'écriture, l'une ayant d'ailleurs un lien très fort avec l'autre. Il a ainsi fait de nombreuses expéditions en Alaska, dont l'une au mont Allen, expéditions qui lui ont inspiré un livre de philosophie, *Sur la nature du temps,* paru aux Presses universitaires de France, et ce livre, son premier roman pour la jeunesse. Alain Adde vit à Paris.

Frédéric Pontarolo est dessinateur et scénariste de bande dessinée. Il a notamment publié aux éditions Casterman la trilogie de *Naciré et les machines*. *Le passage Nord-Ouest* est son premier livre de jeunesse. Frédéric Pontarolo vit et travaille à Strasbourg.

Table des chapitres

Vous avez aimé ce livre ? Il y a dans la collection d'autres romans d'aventures qui sauront sûrement vous plaire...

Alain Adde
LE PASSAGE NORD-OUEST
illustré par Frédéric Pontarolo

Évelyne Brisou-Pellen
LA FILLE DU COMTE HUGUES
illustré par Natalie Louis-Lucas

Jean-François Chabas
VIEILLE GUEULE DE PAPAYE
Prix jeunesse d'Eaubonne 1997
LES SECRETS DE FAITH GREEN
Tam-Tam « Je bouquine » 1998
Grand Prix des Jeunes Lecteurs de la PEEP 1999
Prix « Été du livre » jeunesse, Metz, 1999
Prix du Roman historique, Poitiers, 1999
Prix des Incorruptibles 1999
Prix Chronos Suisse 2000
Prix Versele 2000
DES CROCODILES AU PARADIS
illustrés par Christophe Blain
BA
illustré par Benjamin Bachelier

Mary Jemison
ENLEVÉE PAR LES INDIENS
illustré par Jean-Michel Payet

Jean-François Laguionie
LE CHÂTEAU DES SINGES
illustré par l'auteur

Gérard Moncomble
BOUZOUK
LES MANGE-MÉMOIRE
LES FANTÔMES D'AHAM
LA BALADE DU TROUVAMOUR
DANS LES GRIFFES DE GGROK
illustrés par Mazan

Jean Ollivier
LE CRI DU KOOKABURA
LA CHASSE AUX MERLES
illustrés par Christophe Blain

Xavier-Laurent Petit
LE MONDE D'EN HAUT
Prix Goya « Découverte » 1998
illustré par Marcelino Truong

Michel Piquemal
YOËL OU LE SANG DE LA PIERRE
illustré par Dorothée Robert

Thierry Robberecht
PAGAILLE CHEZ LES SAMOURAÏS
GAFFE AU GOUROU
illustrés par Pascal Rabaté

Éric Sanvoisin
LE MANGEUR DE LUMIÈRE
illustré par Jean-Michel Payet

Anne Thiollier
HONG KONG STORY
illustré par l'auteur